EN ROUTE VERS LE ZÉRO DÉCHET AU QUOTIDIEN

DANS LA SALLE DE BAIN, EN CUISINE, AVEC LES ENFANTS, AU BUREAU...

« IL VAUT MIEUX PENSER
LE CHANGEMENT
QUE CHANGER LE PANSEMENT. »

PIERRE DAC ou FRANCIS BLANCHE

Lequel des deux l'a vraiment dit ?
Au fond ce n'est pas très important, l'important c'est que ce soit dit.

RÉGINE QUÉVA

EN ROUTE VERS LE ZÉRO DÉCHET AU QUOTIDIEN

DANS LA SALLE DE BAIN, EN CUISINE, AVEC LES ENFANTS, AU BUREAU...

Plus de
60 RECETTES
pour moins jeter
et tout récupérer

LAROUSSE

SOMMAIRE

DANS LA CUISINE 41

DANS LE SALON, LA CHAMBRE, LE BUREAU 95

LE **ZÉRO DÉCHET**, C'EST QUOI EXACTEMENT ?

Bien avant les ateliers zéro déchet et tous les livres sur le sujet, bien avant Béa Johnson et la famille zéro déchet et bien avant ZeroWaste, des femmes et des hommes proches de la nature se souciaient de l'état de la Terre et de son devenir. Dans les années 1930, Jean Giono l'exprimait comme à son habitude admirablement bien face aux prédateurs : « Ce n'est pas seulement l'homme qu'il faut libérer, c'est toute la terre… la maîtrise de la terre et des forces de la terre, c'est un reste de rêve bourgeois chez les tenants des sociétés nouvelles. Il faut libérer la terre et l'homme pour que ce dernier puisse vivre sa vie de liberté sur la terre de liberté[1]. »

Et bien avant lui encore, un historien arabe du XIIe siècle raconte une conquête et la destruction d'un fort valant douze mille dinards[2]. La réponse du prince sonne aujourd'hui dans chaque abus consumériste : « Ce n'est pas du gaspillage, c'est de la grandeur. » Des écrits vieux de deux mille ans, préfigurent le zéro déchet, chez Sénèque, le grand sage dont j'admire tant les écrits : « Préfères-tu donc, à une pauvreté qui rassasie, une abondance famélique ?[3] » Voilà ce qu'est le zéro déchet : l'antigaspillage, la modestie dans tous nos actes et le respect total de la nature et du vivant.

POURQUOI SE LANCER DANS LE ZÉRO DÉCHET ?

Si le respect de la Nature et l'humilité ne nous suffisaient pas pour acquérir des comportements vertueux, alors il faut lire la première étude mettant en évidence les dangers de la croissance économique (datant de 1970). Connu sous le nom de Rapport Meadows[4], ce texte démontre les limites des ressources (alimentaires, ressources naturelles, énergies...) sur notre planète. Nous sommes de plus en plus nombreux-ses à vivre dans un monde clos (la Terre) en pensant que les ressources sont infinies. De plus, la croissance génère une pollution exponentielle qu'il faudra bien gérer un jour.

Trente ans plus tard, un physicien français (Jean-Paul Deléage) a illustré cette situation délétère par une phrase devenue célèbre : « Notre maison brûle et nous regardons ailleurs.[5] »

De fait, chaque année nous épuisons les ressources de la Terre en générant de plus en plus de déchets. Le « jour du dépassement », date de l'année à partir de laquelle l'humanité vit à crédit[6], se rapproche dangereusement. Elle a grignoté deux mois en vingt ans (30 septembre en 1998, 29 juillet en 2019), plongeant l'humanité tout entière dans le syndrome du Titanic. Nous ne pouvons pas sortir de la maison qui brûle, car nous sommes dedans. Dans ce contexte alarmant, chaque geste compte. Les citoyen-ne-s que nous sommes avons le devoir d'ouvrir les yeux, ce que nous rappelle Valérie Cabanes, juriste française qui consacre sa vie au combat pour la reconnaissance de la Nature comme sujet de droit : « Car nous sommes d'abord les habitants de la Terre avant d'être les citoyens d'un pays.[7] »

LE **ZÉRO DÉCHET** EXISTE-T-IL **VRAIMENT ?**

Philippe Bihouix, ingénieur et auteur de livres passionnants que je vous conseille vraiment de découvrir, l'explique : « Toute activité humaine, autre que la chasse et la cueillette (et encore, à condition de ne pas être trop nombreux sur un territoire donné), a un impact environnemental.[8] » Dès les premières consommations, dès les premières pollutions, les premiers déchets apparaissent. Impossible de respirer sans rejeter du dioxyde de carbone. Vivre, consommer, c'est générer des déchets. Il faut donc savoir raison garder et avancer dans la vie le plus sagement possible, sans abus, ni excès, avec parcimonie, en ayant en tête les conséquences de nos actes, l'origine des produits et leur devenir.

COMMENT SE LANCER DANS LE ZÉRO DÉCHET ?

Si vous lisez ces lignes c'est que vous faites – ou avez fait – le pas, un grand pas pour l'humanité ! On avance dans le zéro déchet, à pas de fourmi ou à pas d'éléphant, sans tambour ni trompette, sans concours ni compettes. L'important étant de se mettre en route. Dans la galaxie zéro déchet, vous rencontrerez des passionné-e-s, mais aussi des acharné-e-s, des opposant-e-s mais aussi des allié-e-s. Allez-y à votre rythme, un peu, beaucoup, passionnément... Choisissez vos actions de la vie quotidienne et amusez-vous. Prenez du plaisir à transformer les objets, à les recycler, à découvrir des deuxièmes, voire des troisièmes vies, découvrez les associations, le maillage humain merveilleux qui existe autour de nous et qui change le monde, non pas avec des paroles qui sont « l'ombre de l'action[9] », mais avec du concret. Il y a plus de deux mille cinq cents ans déjà, Démocrite, un philosophe grec, l'avait noté : l'important est d'agir. Nous le savons toutes et tous, le changement ne viendra ni des élites, ni des gouvernements, il viendra de nous. C'est à nous d'agir.

EST-CE COMPLIQUÉ **CONCRÈTEMENT** ?

Concrètement, s'engager dans du zéro déchet, c'est réutiliser, recycler, réparer, récupérer, transformer... C'est éviter soigneusement le gaspillage, c'est acheter ce dont on a besoin, pas plus, c'est choisir des aliments ou des objets produits à proximité, c'est éviter au maximum les plastiques et les emballages, c'est composter chez soi ou près de chez soi, c'est prendre le temps de faire et d'apprendre, de réparer et de lire les étiquettes, c'est acheter du vrac quand c'est possible... Tout cela peut tenir en quelques mots simples, connus depuis longtemps : avoir le sens de l'économie, le bon sens paysan dirait Jean Giono.

Bien avant les repentis de tout poil, les repentis de la consommation à outrance, de l'écologie et de la finance, aujourd'hui donneurs de leçons, bien avant que ce soit une mode, le zéro déchet était un mode de vie, celui des gens de peu, des gens qui ne pouvaient se permettre de gâcher, de gaspiller, des gens qui bricolaient dans leur jardin en construisant des abris solides de bric et de broc, qui cuisinaient le pain perdu, qui apprenaient aux enfants à construire des jouets avec des boîtes de conserve, des cartons et des ficelles... Retrouvons ce monde de bon sens ingénieux, cette éducation populaire et ce monde d'inventivité et de créativité. Il nous a manqué !

COMMENT FAIRE AU **QUOTIDIEN** ?

Dans la vie de tous les jours, se lancer dans le zéro déchet, c'est acheter en vrac les aliments, éventuellement avoir ses propres contenants, c'est acheter moins mais acheter mieux, favoriser les circuits courts, se rendre en courses avec une liste, un panier, grouper ses achats, éventuellement se regrouper pour acheter en grande quantité, c'est choisir des objets faciles à réparer, choisir une voiture simple et légère, préférer des pneus rechapés, éviter les piles à jeter, limiter les journaux et périodiques papier, apposer sur sa boîte aux lettres l'autocollant « zéro publicité », éviter au maximum l'achat du plastique, favoriser les bouteilles en verre et les consignes et tous ces petits gestes que l'on commencent tou-te-s à connaître. Bref du bon sens.

En fait, il s'agit de favoriser et de généraliser le **principe de simplicité** « en travaillant à la source des problèmes[10] » c'est-à-dire en achetant des objets simples plutôt que complexes, en choisissant des sports peu gourmands en énergie, en espace, en matériaux, en offrant des cadeaux simples et utiles, des rencontres et des apprentissages plutôt que du clinquant… bref savoir **rester modeste** en toute chose. Très à la mode aujourd'hui, le concept de sobriété ne vaut rien s'il n'est pas assorti du respect total des autres, ce qui manque parfois. Vivons selon un **principe d'économie**, qui comme nous le rappelle un philosophe grec « ne suffit pas pour faire un bon père de famille, il faut encore être libre des mauvaises passions[11] ». Nous devons donc avant tout nous débarrasser de ces habitudes consuméristes que la société nous a infligées pendant des décennies et que nous avons pu faire nôtres en pensant acquérir de la grandeur, de la force et du pouvoir. Devenons **minima-listes** : achetons quand c'est nécessaire, d'occasion si possible, donnons et recyclons… sachons nous contenter de peu.

DOIS-JE **JETER TOUT** MON **PLASTIQUE ?**

Depuis la mode zéro déchet, on voit fleurir de drôles de comportements. Non, il ne s'agit pas de jeter son plastique, mais bien au contraire de le garder pour le transformer, le recycler, s'en servir autrement. Fléau de notre temps, il s'invite même dans nos estomacs, évitons surtout d'en acheter. Recyclons correctement le plastique qu'on ne peut pas réutiliser (un plastique sur quatre seulement est aujourd'hui recyclé).

Les Coton-Tiges ne seront plus en plastique, tout comme les couverts et autres accessoires jetables. Ouf, il était grand temps. Si, comme moi vous détestez la sensation des couverts en bois en bouche, prenez vos couverts en inox. Avec les gourdes qui s'arrachent aujourd'hui et les petits sacs à dos, on en revient au temps (béni ou non) du patronage.

Cependant, l'ère vertueuse qui arrive nous oblige à nous poser les bonnes questions. Doit-on jeter le bébé (en plastique) avec l'eau polluée du bain ? A-t-on besoin réellement de Cotons-Tiges pour se nettoyer les oreilles, fussent-ils en coton, de pailles pour boire dans un verre ? D'où vient ce sac bio en coton et quel coût humain a-t-il ? Dois-je accepter qu'une mine s'ouvre près de chez moi pour y extraire les métaux de mon téléphone portable ou est-il préférable qu'elle s'ouvre là où mes yeux ne la verront pas ? Suis-je en train de me compliquer la vie ou non ? Ai-je besoin de posséder tous ces objets ? Ces questions se sont toujours posées, mais aujourd'hui elles le sont avec encore plus d'acuité qu'il y a des milliers d'années.

« CE QUE J'AI,
SUFFIT À ME PROCURER
LE NÉCESSAIRE,
TANDIS QUE TOI,
VU LE TRAIN QUI T'ENVIRONNE,
ET POUR SOUTENIR
TA RÉPUTATION,
EUSSES-TU LE TRIPLE
DE CE QUE TU POSSÈDES
À PRÉSENT,
IL ME SEMBLE QUE TU
N'AURAIS POINT ASSEZ. »

XÉNOPHON,
Œuvres complètes, philosophe grec, vers 400 av. J.-C.

COMMENT FAIRE À PLUSIEURS ?

En famille ou à deux, l'objectif zéro déchet n'est jamais gagné. Comme il n'est pas gagné de partager sa vie avec une personne dépensière quand on ne l'est pas, et réciproquement, surtout quand l'un-e est convaincu-e du bien-fondé de son comportement. Les valeurs suprêmes de l'écologie et du respect de la vie sont certes en haut de la pile, mais doivent-elles pour autant mener aux embrouilles, à la séparation voire au divorce bio ? Pas sûr.

Les liens et les valeurs humaines sont elles aussi en haut de l'échelle. Nous devons avoir à l'esprit les notions de respect de l'autre, de loyauté et d'éthique qui parfois manquent de vert. Si l'on peut agir par l'éducation auprès des enfants, dans une certaine mesure, en veillant « à ce que les enfants ne tiennent que des discours décents et modestes[12] », il en est tout autrement avec les adultes. Chacun avance sur son chemin à son rythme et qui est-on pour imposer le nôtre ? Si l'on ne trouve pas chez soi le réconfort écologique que l'on voudrait, trouvons-le ailleurs. Le monde n'a jamais été aussi riche d'initiatives.

Les « villes en transition », lancées par Rob Hopkins, essaiment dans de nombreux pays, des réseaux et associations inventent des nouveaux mondes : association VRAC, Repair Cafés, réseau Cocagne, Slow Food, les Amis de la Terre, Attac, ZeroWaste, les défis des villes Zéro déchet, la semaine européenne de réduction des déchets... Il y en a tant, il y en a près de chez vous.

Rejoignez-les et apprenons à interpeller nos élus pour qu'ils fassent cesser les souffleuses à feuilles, le bétonnage et le goudronnage systématique, l'arrachage des arbres, les nettoyants toxiques... pour qu'ils prévoient plus de composteurs (avec accompagnateurs formés) dans les quartiers, plus de bio dans les cantines, plus d'aires de covoiturage, des jardins partagés, plus de pistes cyclables sécurisées... C'est à l'échelle de la collectivité et des petites structures que les choses changeront, comme le montrent certaines communes et certains élus qui savent réellement s'engager, contre les pesticides par exemple. De beaux exemples existent, soutenons-les et agissons.

DANS LA SALLE DE BAINS/ BUANDERIE

FAITES-EN...

DES SAVONNETTES

Les coquilles, qu'elles soient de Saint-Jacques ou d'ailleurs, trouvent leur place en moules pour y couler du savon mou qui durcira à l'air.

Des chutes de savons (trois ou quatre fins de savons)

+

½ verre d'eau

Versez dans une casserole au bain-marie.

REMUEZ.

Quand le mélange devient lisse, versez dans une coquille Saint-Jacques vide.

Laissez sécher près d'une source de chaleur pendant quelques jours.

Le savon se rétracte en séchant. Il est alors prêt à être démoulé.

DES SAVONS COLORÉS

Ajoutez 1 pincée d'argile rouge dans l'eau.

CONSERVATION QUELQUES MOIS AU FRAIS

SAVON AU CAFÉ ?

Ajoutez 1 cuillerée à soupe de marc de café dans votre casserole. Les grains agiront en exfoliant la peau tout en la nourrissant.

LE LINGE EN COTON ABÎMÉ

Serviettes, torchons, maillots, draps... on a tous et toutes des vêtements en coton abîmés ou déchirés dans nos placards. On peut bien sûr donner aux associations les vêtements utilisables ou d'autres tissus qui seront revendus en chiffons. Mais on peut aussi transformer nous-mêmes nos vieux draps.

QUE PEUT-ON EN FAIRE ?

Le coton, la fibre végétale la plus produite et la plus utilisée au monde, possède de nombreuses qualités. Il absorbe l'eau, mais il redevient hydrophobe en l'enduisant de cire (voir p. 25), c'est un isolant, on peut le blanchir, le teindre, le durcir, le découper, le coudre, l'arracher, le faire brûler... bref s'en donner à cœur joie avec nos chutes.

AVEC QUELS OUTILS ?

N'ayant jamais été férue de couture, j'ai opté pour la facilité et la simplicité. Si vous vous reconnaissez dans ce portrait, munissez de ciseaux crantés et investissez dans une mini-machine à coudre à 30 € maximum. Vous pourrez alors à loisir fabriquer des serviettes, des lingettes rondes ou carrées, des mouchoirs, des gants, des sacs, des pochettes, des housses de coussin, du patchwork...

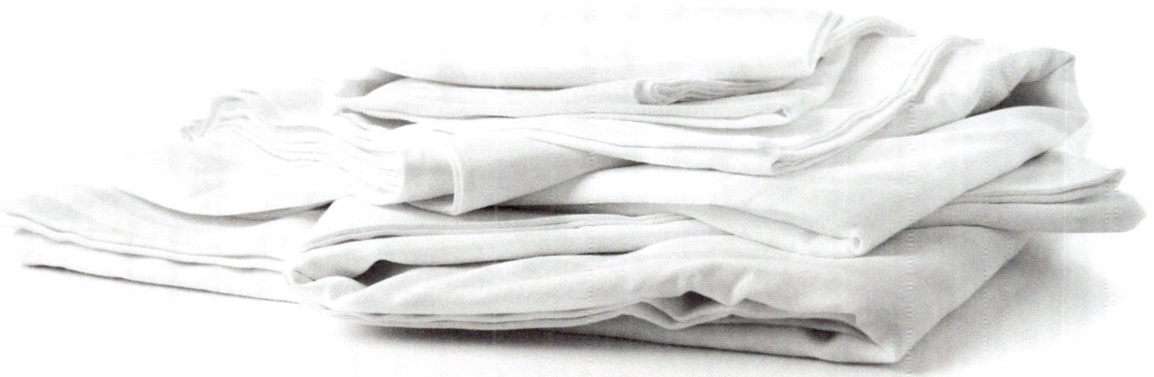

FAITES-EN...

DES MOUCHOIRS ET LINGETTES

Et si c'était facile de faire soi-même ses lingettes et ses mouchoirs ?
Et s'il ne suffisait que d'un seul outil facile à manier ? Alors on s'y mettrait tous et toutes...

Un drap abîmé

+

1 paire de ciseaux crantés

QUELLES DIMENSIONS ?

Choisissez ci-dessous les dimensions à tailler selon la nature de votre découpe :
Mouchoirs : 20 x 20 cm minimum
Lingettes : 15 x 15 cm maximum
Chiffons : 25 x 25 cm minimum

LA MULTIPLICATION DU TISSU

Une bonne technique de découpe afin de ne rien perdre est de plier le tissu de manière à obtenir la dimension désirée (on le multiplie). Il ne reste qu'à découper sur les lignes formées par les plis.

« NON MAIS JE RÊVE OU TU ES EN TRAIN DE COUDRE ? »

Des mini-machines à coudre faciles d'utilisation (si, si) peuvent dépanner l'apprenti-e couturier-e, à moins qu'on ne préfère faire des ourlets avec son fer à repasser et un tissu thermocollant. C'est encore plus rapide, plus pratique et moins mondialisé. Et pour les personnes déclarées allergiques à la couture, dont je fais partie, c'est une bonne solution.

ON RÉCUPÈRE...

Les vêtements plutôt que de les donner ou les recycler, ou encore les laisses de mer qui serviront à créer un défilé à la mode zéro déchets. Les créations s'admirent dans une exposition permanente ou temporaire. Rendez-vous sur la page Facebook de l'association Couleur Café ou encore sur le site L'instant avant l'Aube[1]. Les tenues présentées lors du défilé Éclats de Femmes à Noirmoutier rivalisent d'inventivité, de drôlerie et de création (La minaire, Mailles à partir, Fil à retordre, La mariée d'équinoxe...). Vieilles voiles, filets de pêche dérivants et même plastique sont devenus des richesses « no made » après des heures de couture et d'assemblage en commun. Voilà comment allier récupération, poésie, création et partage. La couture tisse du lien.

FAITES-EN...

DU PAPIER SOMALIN

Rien de plus simple que de faire son papier d'emballage... il suffit d'avoir un peu de cire et de coton.

1 feuille en silicone ou la plaque du four

+

1 tissu en coton (découpé à la taille maximale de sa plaque de cuisson)

+

Pastilles de cire d'abeille

PARSEMEZ LES PASTILLES DE CIRE SUR LE TISSU.

ENFOURNEZ À 100 °C (TH. 3) QUELQUES MINUTES SEULEMENT (ENTRE 5 ET 10 MAX.).

LA CIRE FOND TRÈS VITE EN LAISSANT UN AGRÉABLE PARFUM DE MIEL.

Sortez le tissu ciré en le tenant avec des pinces à linges.

FIXEZ-LE À L'AIR LIBRE QUELQUES MINUTES À PEINE.

MODE D'EMPLOI

Et voilà du papier d'emballage d'aliment fait maison ! Il faudra le laver à l'eau tiède avec un peu de liquide vaisselle maison bien-sûr et le cirer de nouveau s'il le faut.

ON RÉCUPÈRE...

Les rouleaux en carton pour conserver ces « papiers Somalin ». On les enroule à l'intérieur ou à l'extérieur du rouleau.

LES COLLANTS ET CHAUSSETTES DÉFRAÎCHIS

L'histoire des collants se confond avec celle de la chimie de synthèse et des hydrocarbures. Après les fibres naturelles, les fibres synthétiques ont fait leur apparition dans nos armoires. Faiblement biodégradables, leurs composés peuvent être toxiques et se disperser dans les milieux aquatiques sous forme de microfibres. Raison de plus pour les garder chez soi et les transformer en objets utiles.

QUE PEUT-ON FAIRE DES COLLANTS ?

Souples, résistantes et moulantes, les fibres des collants (polyamide ou Nylon) créent de l'électricité statique. Elles peuvent être étirées, déformées, nouées, compressées... On s'en servait autrefois pour remplacer une courroie de moteur le cas échéant.

À l'intérieur d'une maison, on pourra les transformer en éponges pour faire briller des chromes, nettoyer des poussières et toiles d'araignées (enveloppés autour d'un balai), nettoyer les poils des animaux sur nos vêtements, filtrer des liquides, aspirer des poussières sans aspirer un objet (en embout au bout de l'aspirateur), rembourrer des peluches ou des coussins, suspendre des légumes fragiles (avocats, oignons...).

À l'extérieur, les collants usagés servent à suspendre des pots légers dans une serre, on les transforme en poignées solides au garage, pour suspendre des outils, pour en lier, rassembler des tubes, des tasseaux... Ils filtrent les eaux de pluie à la descente d'une gouttière, à la sortie d'un arrosoir...

LES CHAUSSETTES À TRANSFORMER

En laine ou en coton, on les coupe pour en faire des mitaines, on en fait des marionnettes, des peluches pour nos chats, des gants pour caresser les chiens, on les transforme en gants de ménage ou pour nettoyer des objets très sales, en brosses à cirer et à faire briller, en manches d'outils, en maniques à la cuisine, en mini-pochettes fixées pour des objets fragiles (lunettes, télécommande, portable, clés...).

FAITES-EN…

UNE BROSSE AU POIL !

Si comme moi vous avez un chat amoureux des vêtements, surtout des vôtres, vous aurez toujours sous la main cette brosse 100 % récup !

1 éponge

\+

1 chaussette en Nylon

PLACEZ L'ÉPONGE DANS LA CHAUSSETTE EN ENVELOPPEZ-LA EN RETOURNANT PLUSIEURS FOIS LA CHAUSSETTE

MODE D'EMPLOI

Passez la brosse sur votre vêtement pour retirer les poils.

> ***« Rien ne se perd, rien ne se gagne, tout se transforme. »***
>
> ***Anaxagore***
> ***(de Clazomènes, en Asie Mineure), phrase reprise par Lavoisier.***

ON RÉCUPÈRE…

Les éponges abîmées pour les transformer en éponges à métaux en les enveloppant dans un bas. Il suffit alors de frotter doucement pour raviver les métaux.

ET EN PLUS !

Avec le même système, vous pouvez aussi faire un chiffon pour cirer les chaussures ou les faire briller. Utilisez la faculté d'étirement du Nylon pour suspendre l'éponge à un crochet près des chaussures.

FAITES-EN…

DES COMÈTES

Et dire que de moins en moins d'enfants jouent à l'extérieur : un enfant sur deux seulement pratique des jeux en plein air au moins deux jours par semaine et quatre sur dix ne jouent jamais dehors[2]. Et pourtant, cela stimule les apprentissages, entretient la santé – on s'en doute – et prévient certaines maladies.

1 chaussette ou 1 bas en Nylon

+

Des chiffons

GARNISSEZ LA CHAUSSETTE DE CHIFFONS POUR EN FAIRE UNE BOULE.

+

De la ficelle

FERMEZ LA CHAUSSETTE EN SERRANT BIEN AVEC DEUX OU TROIS TOURS DE FICELLE.

+

3 ou 4 bandes fines de chiffons (ou du tissu), colorés si possible

GLISSEZ DANS LE DERNIER TOUR DE FICELLE LES BANDES DE TISSU (QUI FERONT LA QUEUE DE LA COMÈTE).

LAISSEZ ENVIRON 1 M DE FICELLE PUIS FAITES UNE BOUCLE QUI SERVIRA DE DRAGONNE POUR TENIR ET LANCER LA COMÈTE.

À FAIRE SOI-MÊME

Jouer c'est bien, construire ses jeux c'est bien aussi. Ces jeux sont faciles à fabriquer par les enfants eux-mêmes.

CONCOURS ET PRÉCISION

Organisez des lancers en hauteur, en longueur et en précision.

FAITES-EN…

UN PARACHUTE

Tout comme les comètes, ce jeu fait le bonheur des petits et des grands, des garçons et des filles. L'important étant d'être un enfant ou de l'être resté.

Du Nylon (haut de collant…) ou du plastique souple

+

1 paire de ciseaux

DÉCOUPEZ UN CERCLE ASSEZ GRAND (DE LA DIMENSION D'UNE ASSIETTE ENVIRON).

AVEC LA POINTE DES CISEAUX, FAITES DES PETITS TROUS TOUT AUTOUR DU DISQUE (UNE DIZAINE ENVIRON).

+

De la ficelle

DÉCOUPEZ AUTANT DE MORCEAUX DE 20 CM DE FICELLE QUE DE TROUS.

FIXEZ-LES UN À UN À CHAQUE TROU.

NOUEZ-LES TOUS ENSEMBLE ENTRE EUX À L'AUTRE EXTRÉMITÉ.

+

Fixez un personnage ou un animal (objet lourd) au nœud général

RASSEMBLEZ LE PARACHUTE DANS UNE MAIN ET LANCEZ-LE LE PLUS HAUT POSSIBLE. LA GRAVITÉ FERA REDESCENDRE LE PARACHUTE QUI S'OUVRE, LESTÉ PAR LE PERSONNAGE.

POLYVALENTS

Certains polyamides sont rapidement utilisés dans l'industrie textile, en particulier pour la fabrication des toiles de parachute. Les polyamides seront plus connus par la suite sous l'appellation de Nylon.

L'EAU DU SÈCHE-LINGE

Privée de minéraux, cette eau n'est pas consommable, car elle ne nous « nourrit » pas. En revanche, elle peut trouver plusieurs utilisations...

RECYCLEZ-LA...

POUR LE FER À REPASSER-VAPEUR

POUR VAPORISER LES PLANTES D'INTÉRIEUR, LES ORCHIDÉES, PAR EXEMPLE
Les feuilles sont fragiles et se couvrent parfois de traces de calcaire lorsque votre eau est très calcaire...

POUR DÉTARTRER DES MACHINES (CAFÉ...)

POUR HYDRATER LA TERRE
On peut y ajouter un peu d'argile, de marc de café ou des feuilles de thé pour l'apport en minéraux

AU PIRE, ON EN FAIT UNE CHASSE D'EAU !

N'ACHETEZ PLUS...

DE PRODUITS COSMÉTIQUES

Faites-les vous-mêmes, solides ou liquides, en piochant des recettes sur Internet ou dans des ouvrages (dont les miens).

On devient minima-liste...
De quoi a-t-on vraiment besoin ?
- de shampoing ;
- de gel douche ou de savon ;
- de déodorant ;
- de dentifrice ;
- d'une crème hydratante (de type liniment) ;
- de mousse à raser ;
- d'un baume contre les douleurs.

DE LINGETTES DÉMAQUILLANTES (voir p. 24)
D'EAU DÉMINÉRALISÉE (voir p. 30)
DE MOUCHOIRS EN PAPIER (voir p. 24)
D'ÉPONGES (voir p. 26)

DE COTONS-TIGES

Inventé pour nettoyer non pas les oreilles mais des petites plaies, comme le nombril des nourrissons, les Cotons-Tiges ont été détournés de leur fonction première en créant... des problèmes auditifs (lésion du canal auditif ou du tympan, affections et infections de l'oreille, risque d'accumulation du cérumen et risque d'otites, dessèchement de la peau et développement de problèmes cutanés comme l'eczéma...).
Mais alors comment faisait-on avant les Cotons-Tiges ?
Le plus simplement du monde : on se nettoyait les oreilles avec notre auriculaire (d'où son nom), vous savez, le petit doigt qui nous souffle des sagesses et des secrets. Et ça tombe bien, on l'a toujours sur nous.
Reprenons notre vie en mains, comme il se « doigt » !

DE PRODUITS D'ENTRETIEN

Faites-les vous-mêmes en piochant des recettes sur Internet ou dans des ouvrages (dont les miens).

On devient minima-liste...
De quoi a-t-on vraiment besoin ?
- de produit sol ;
- de produit multi-surface ;
- de lessive ;
- de produit blanchissant ;
- d'un nettoyant pour les toilettes.

BROSSE À DENT ET CASSE-TÊTE

Difficile de trouver la brosse qu'il nous faut. Entre le bambou qui fait le tour de la planète, le Nylon dont on n'est pas sûr et la provenance animale des poils... on s'y casse les dents. Le mieux étant parfois l'ennemi du bien, cherchons local même si c'est une brosse plus banale. Et recyclons en attendant la brosse 100 % compostable.

FAITES-LES, LES RECETTES SONT DANS CE LIVRE !

Lessive (voir p. 98)
Blanchissant (voir p. 36)
Nettoyant multi-usages (voir p. 57)
Désinfectant toilettes (voir p. 35)
Dentifrice (voir p. 79)
Gommage (voir p. 70)
Nettoyant visage (voir p. 80)
Potion anticernes (voir p. 81)
Lotion apaisante piqûres d'insectes (voir p. 82)

#CHANGEONSLESRÈGLES

Quel choc ce fut d'apprendre que les tampons n'étaient pas si hygiéniques que ça. Des substances toxiques interdites (dioxine, phtalate...) se trouvaient depuis des années dans les tampons au risque de contaminer la flore vaginale et tout une chaîne en cascade. Au cours de sa vie, une femme utilisera environ 10 000 tampons... jetables. Alors quelle solution adopter ? Du jetable ou non ? Avec ou sans plastique ? Ressurgie du passé, la coupe (dite *cup* pour être plus chic !), inventée au XIXe siècle, désormais en silicone médical, se glisse à l'intérieur du vagin et est facilement réutilisable. Donc plus de déchets, mais une composition encore incertaine. Les serviettes hygiéniques ont fait des progrès tout comme les tampons qui deviennent biologiques[3]. Un peu de sang neuf dans ces produits indispensables fait franchement du bien.

ROUGE ET VERT, C'EST POSSIBLE ?

Plusieurs entreprises se sont lancées dans l'aventure des tampons et serviettes hygiéniques et biologiques. Les labels certifient la qualité du coton et souvent les entreprises s'engagent auprès d'associations solidaires. Mais il reste difficile de trouver les lieux et étapes de fabrication. La marque Dans ma culotte[3] (ça nous change des Anglais qui débarquent dans les noms de produits) garantit une fabrication en France, en Europe et en Inde. Chez Marguerite & Cie ou Jho, le renseignement est plus difficile à trouver.

DE JAVEL !

On ne le dira jamais assez : l'eau de Javel, produit très toxique, devrait être interdite. Elle est d'ailleurs recyclée en « produits toxiques et dangereux », ce qui veut tout dire. Ne la jetez pas dans les canalisations : elle tuerait toute la microfaune et la microflore des eaux et traitements et celles des fosses septiques, en produisant des dérivés organochlorés toxiques et cancérigènes…

AÏE

Dans les halls de piscine, la réaction entre les molécules de chlore, les sécrétions des nageurs (urine, sueur) et les molécules résultant des cosmétiques peut générer un cocktail très polluant.

UN GAZ SUFFOCANT

Le chlore a été utilisé très efficacement pour la première fois lors de la Première Guerre mondiale par l'armée allemande (lors de la bataille de la ville belge d'Ypres, le 22 avril 1915), puis par les Alliés. On ne se remet pas facilement de son inhalation. Il a été remplacé plus tard par bien pire : le gaz moutarde (ypérite), beaucoup plus toxique.

VOUS AVEZ DIT « BIOCIDE » ?

Sont biocides « les produits destinés à détruire, repousser ou rendre inoffensifs les organismes nuisibles, à en prévenir l'action ou à les combattre, par une action chimique ou biologique. Bien que ciblant les organismes nuisibles, les biocides sont par définition des produits actifs susceptibles d'avoir des effets sur l'homme, l'animal ou l'environnement[5] ». Comment conclure ce paragraphe sans dire que l'eau de Javel est un biocide ?

ÇA SENT LE PROPRE !

Maniaques du chlore, les Français ont du mal à se passer de l'eau de Javel. On en respire partout : dans les lieux publics, parfois sur les trottoirs, chez des particuliers et même parfois chez nos amis, un comble. Heureusement, grâce au changement de société, nous sommes de plus en plus nombreux à découvrir des produits efficaces et respectueux de l'environnement.

VINAIGRE OU CHLORE, IL FAUT CHOISIR…

Vous faites vos produits ménagers ? Vous devenez adepte du « faites-le vous-même » ? Si c'est le cas, vous achetez du vinaigre par litres entiers et vous avez bien raison. Débarrassez-vous définitivement de l'eau de Javel s'il vous en reste un soupçon (à recycler en « produits dangereux »), car ils ne font pas bon ménage… c'est le cas de le dire !

COMMENT…

DÉSINFECTER

Là encore, on peut se passer d'eau de Javel en fabriquant soi-même un désinfectant puissant, très respectueux de l'environnement, qui se dégrade très vite en ne laissant que de l'oxygène et de l'acide acétique (comme dans le vinaigre).

75 cl d'eau

Versez dans un vaporisateur

\+

1 cuillerée à café d'eau oxygénée à 10 volumes (3 %)

\+

1 cuillerée à café de vinaigre d'alcool

SECOUEZ PUIS VAPORISEZ ET LAISSEZ AGIR QUELQUES MINUTES AVANT DE RINCER.

PERA QUOI ?

Cette concentration très faible et sans aucun risque est juste assez pour posséder une activité bactéricide et fongicide. Il faudrait des doses dix fois supérieures pour avoir une action complète. Plus d'informations sur l'acide peracétique sont disponibles sur différents sites[6].

PLUS FORT QUE LE CHLORE… . J'ADORE !

Cette recette, qui allie eau oxygénée à 3 % et vinaigre, porte le nom d'acide peracétique (en référence à l'acide acétique du vinaigre). Elle est, d'après une étude, dix fois plus efficace que les produits classiques (chlore, produits commerciaux) aux mêmes doses en tuant les germes pathogènes (salmonelle, shigella, bactérie E. coli…) en quelques minutes. C'est un produit désinfectant, stérilisant, antimicrobien, bactéricide, virucide et fongicide utilisé dans l'industrie agroalimentaire et en milieu hospitalier.

MODE D'EMPLOI

Éloignez le vaporisateur d'une source de chaleur et utilisez-le aussitôt, il se dégrade très vite. Servez-vous-en aux toilettes, dans la cuvette, pour désinfecter les plans de travail, planches à découper… Ce mélange a servi à lutter contre les pneumonies, à des doses nettement supérieures, en désinfectant l'air dans les pays asiatiques.

COMMENT...
BLANCHIR

On remplace l'eau de Javel par du percarbonate de soude qui nous rend tellement de services que, franchement, on a du mal à s'en passer.

3 litres d'eau à plus de 40° C

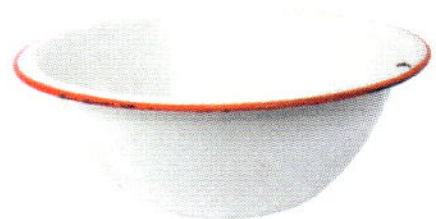

Versez dans une bassine

+

2 cuillerées à soupe de percarbonate de soude

LAISSEZ AGIR : LE PERCARBONATE DE SOUDE SE TRANSFORME EN EAU OXYGÉNÉE (AGENT BLANCHISSANT) ET EN CRISTAUX DE SOUDE (CARBONATE DE SODIUM).

Plongez votre tissu et laissez agir une nuit au moins

Rincez à l'eau claire et observez

> ***« Le percarbonate est beaucoup plus biodégradable que l'eau de Javel (qui crée des sous-produits chlorés toxiques et rémanents). Il respecte davantage le milieu aquatique. »***
>
> *Nicolas Palangié, La Compagnie du Bicarbonate*

ATTENTION QUAND MÊME...

Le percarbonate de soude doit être conservé seul en hauteur, hors de la portée des enfants. C'est une précaution.

DE COUCHES NON BIO

Grand sujet de débat dans les jeunes couples avec enfant, les couches lavables ou jetables posent de vraies questions. C'est pratiquement la moitié de leurs déchets (40 %). Mais les réponses ne sont pas aussi simples qu'on l'imagine...

LAVABLE OU PAS ?

Si jeter les couches semble aberrant, choisir des lavables ne semble pas forcément tomber sous le sens. D'un côté, par enfant, environ 4 000 couches encombrantes jetées (soit 200 kg) dans les bacs gris contre 140 lavages environ pour les couches en tissu. Le bilan sur le réchauffement climatique effectué par l'Ademe laisse ces deux choix au coude à coude[7]. Les impacts en termes de consommation d'eau, d'énergie, de matière et de substances utilisées se valent.

Les couches lavables qu'il faut choisir avec l'Écolabel nordique, européen ou Global organic textile standard (GOTS) imposent une logistique assez contraignante : changement des couches entre 2 et 4 heures, large stock à prévoir, entreposage des couches sales dans une poubelle aérée pour éviter la fermentation, lessives régulières dans une machine AAA, tambour chargé et température à 40 °C (pas plus), lessive naturelle sans bicarbonate de soude, essorage doux sans adoucissant, séchage entre un et deux jours de préférence à l'air libre et, bien sûr, zéro repassage. Enfin, réutiliser ces couches pour un autre enfant amoindrit de 6 à 10 % les impacts environnementaux. Si les tâches ménagères sont réellement divisées par deux, le choix du lavable se conçoit assez logiquement. Encore faut-il que ces tâches non valorisantes soient réellement partagées équitablement jusqu'à la propreté de l'enfant... qui dure deux ans environ.

POURQUOI LAVER SANS BICARBONATE ?

Le bicarbonate de soude renforce l'activité détersive de la lessive[8] mais rend le tissu parfois imperméable, ce qu'il faut éviter ici.

CALCAIRE

Si votre eau est calcaire, elle peut contribuer à rendre les couches moins absorbantes. Il faut alors ajouter du vinaigre dans le bac de rinçage de votre machine à laver.

JETER LES COUCHES ?

Les couches jetables sont envisageables à plusieurs conditions. Les labels (Écolabel nordique européen ou Global organic textile standard) garantissent une qualité de fabrication. Choisir des couches fabriquées localement s'avère désormais possible, plusieurs marques se sont installées sur le marché court, sur abonnement ou directement en magasin. Regardez bien également les prix à la couche pour pouvoir comparer.

DU JETABLE RECYCLABLE ?

Aucune filière en France n'est installée et ne permet de recycler complètement tous les composants, sachant que les attaches (en Velcro par exemple) se recyclent peut ou mal. Quel dommage de constater que ce qui pourrait produire un bon compost (cellulose, coton, déchets organiques...) n'est pas encore exploité dans l'hexagone. Qui se lance ?

FATER, MUTTI ET KINDER

Une entreprise italienne (Fater Recycling) développe un procédé qui permet de transformer les couches jetables en matériaux (engrais, bioplastiques, cartons...). Financé en partie par la Commission européenne, ce long projet prend en compte la collecte et la valorisation de centaines de milliers de tonnes de déchets pour éviter le recyclage habituel qui se nomme... incinération.

VOS FERMETURES ÉCLAIR...

Quoi de plus énervant qu'une fermeture Éclair qui déraille ?
On se calme et on apprend à la réparer plutôt que de jeter le vêtement.

ELLE DÉRAILLE ?

1 vêtement
avec une fermeture Éclair

+

1 pince crocodile

SERREZ DÉLICATEMENT LA MÂCHOIRE DE LA FERMETURE ÉCLAIR AVEC LA PINCE POUR LA RAPPROCHER DES DEUX RAILS.

UN CROCODILE EN COUTURE

Cette astuce, qui m'a été fournie par la couturière de Plouaret, m'a évité de remplacer la fermeture Éclair d'un gilet.

LA RÉSILIENCE A SES LIMITES

Les mâchoires en acier d'une fermeture Éclair sont tenaces ou résilientes, c'est le terme approprié pour désigner l'inverse de la fragilité. Elles peuvent supporter une certaine pression pour être déformées en étant resserrées. La répétition de cette déformation peut causer la rupture de l'acier : la résilience a atteint ses limites et la fermeture casse. On retourne alors chez la couturière pour changer la fermeture !

LA GLISSIÈRE EST COINCÉE ?

1 vêtement
avec une fermeture Éclair

+

Du savon ou un crayon de papier
(mine grasse)

SAVONNEZ LES RAILS PUIS LA FERMETURE ET TENTEZ À NOUVEAU DE LA FAIRE FONCTIONNER.
OU PASSEZ LA MINE DU CRAYON GRAS DANS LES RAILS ET DANS LA GLISSIÈRE.

RÉCUPÉREZ, RECYCLEZ

La salle de bains est le lieu où l'on a des idées sous la douche, c'est bien connu... mais aussi des questions plein la tête. Dans quelle poubelle jeter ceci ou cela ? Préparez une corbeille spéciale compost, vous en aurez besoin...

EN PARLANT DE COMPOST...

Les cheveux apportent de l'azote et du soufre qui aident à la croissance des plantes. C'est aussi le cas des plumes et des poils de nos compagnons (enfin je veux dire « de nos animaux de compagnie ! »). Leur décomposition est lente, pour éviter de les retrouver dans vos rangs de semis, vous pouvez choisir de les enterrer au pied des arbres ou des fleurs. On ne garde pas les cheveux provenant de teintures chimiques. On y met en plus...

- Les Cotons-Tiges écologiques, si vous tenez vraiment à en acheter ;
- Les éponges végétales ;
- Les bouts d'ongles ;
- Les disques à démaquiller en coton, évidemment bio de préférence ;
- Les serviettes et tampons biologiques en coton (après tout, ce n'est que du vieux sang...).

ON RÉCUPÈRE...

- Les contenants nettoyés et rincés pour y faire nos produits cosmétiques et nettoyants.
- Pour les cosmétiques on stérilise les contenants à chaque fois en les plongeant dans l'eau bouillante.
- On ne mélange jamais les produits du commerce et les nôtres.
- On garde la destination initiale d'un contenant (on verse la lessive dans un bidon lessive, la crème de jour dans un pot de crème...). C'est plus prudent et c'est facile à reconnaître.
- Les bocaux en verre pour y mettre les lingettes faites maison.
- Les grands coquillages et coquilles Saint-Jacques pour devenir des porte-savons. Et dire que j'ai découvert avec stupéfaction qu'il existait des coquilles Saint-Jacques... en plastique !

L'APPLI QU'IL VOUS FAUT POUR BIEN JETER

J'en ai testé et essayé plusieurs avec le mot « Coton-Tige ». Sans inscription, gratuite, rapide et efficace c'est Guide du Tri qu'il vous faut. Elle vous montre immédiatement que l'on doit jeter nos anciens Cotons-Tiges dans la poubelle grise (ou noire, selon les communes).

DANS LA CUISINE

NE JETEZ PLUS...

N'ACHETEZ PLUS...

LES ALIMENTS ENCORE CONSOMMABLES

Après les légumes moches et les gueules cassées désormais vendues dans les magasins antigaspi, les blets, flétris et ramollis ont encore toute leur place en cuisine. Place à l'économe, c'est le cas de le dire !

LES FRUITS ET LÉGUMES ABÎMÉS

Nous jetons en moyenne un repas par semaine[1], incroyable mais vrai ! Et en premier les légumes. On les considère abîmés, ils ne sont que flétris.

COMMENT LES CUISINER ?

On les ravive dans une eau de trempage tiède avec un peu de bicarbonate de soude. On les taille en julienne ou en chips pour les passer au four. On les coupe grossièrement pour en faire une soupe, un couscous, des sauces…

TROP MÛRES LES TOMATES ?

Tranchez-les avec un couteau très bien aiguisé et placez chaque tranche sur un pot avec du terreau, les graines vont germer.

ON INFUSE BIEN LES FRUITS

Infusez vos fruits secs dans du thé, infusez vos fruits frais dans de l'eau ou du thé froid. Servez vos préparations ou utilisez-les en cuisine.

LES BOÎTES, LES SACHETS ET LES POTS

Le plus souvent, les emballages portent une mention qui indique la date optimale de consommation.

DLC

On respecte les Dates Limites de Consommation qui figurent sur les produits frais (laitages), ceux à base d'œufs, les poissons, les charcuteries… pour éviter les intoxications. Des tests[2] cependant ont montré que les yaourts restaient comestibles trois semaines après la DLC.

À CONSOMMER DE PRÉFÉRENCE AVANT…

Aucun risque en cas d'empoisonnement après la date indiquée. Cette date de durabilité minimale (anciennement DLUO) est parfois complétée par des indications chiffrées en jours, mois ou années. On la trouve sur les produits secs, fumés, stérilisés, lyophilisés…

LE CAS PARTICULIER DES ŒUFS

La date de consommation recommandée (DCR), inscrite sur la coquille est de 28 jours après la ponte. On les conserve de préférence à 4 °C. En cas de doute, on vérifie qu'ils sont encore bons, en les plongeant dans de l'eau froide. S'ils remontent, on peut les jeter.

« T'AS DE LA CORIANDRE FRAÎCHE EN HIVER, TOI ? »

Pour cuisiner des plantes aromatiques toute l'année, on les coupe fraîches finement, on les congèle en glaçon… avec de l'eau. L'eau fondra à la cuisson ou au dressage. Il restera l'herbe aromatique très fraîche, même en plein hiver.

L'AQUAFABA

Depuis plusieurs années, ce nouveau mot envahi les sphères végétariennes et véganes. Mais c'est quoi, au fait, l'aquafaba ?

COMPOSITION

L'aquafaba désigne le jus transparent et visqueux dans lequel ont cuit des légumineuses. La plus connue et la plus utilisée étant l'eau de cuisson des pois chiches en boîte. Cette « eau de fèves » – littéralement – possède des propriétés proches de celles des blancs d'œufs, ce qui lui permet d'être utilisée comme substitut aux œufs à raison de 2 cuillerées à soupe pour 1 blanc d'œuf ou de 3 cuillerées pour remplacer un œuf complet. Cette eau peut être consommée crue, battue en neige, c'est aussi un excellent liant pour la mayonnaise, par exemple. Elle se conserve au frais dans un bocal, quelques jours maximum, et peut être congelée. Cependant, l'aquafaba montée en neige ne cuit pas de la même façon que les œufs et tombe d'elle-même dès qu'on la chauffe. On doit éviter des recettes techniques du type gâteaux mousseline par exemple.

Testé par l'Institut de recherche alimentaire norvégien, l'aquafaba révèle principalement des protéines et des glucides (peu digestibles) en quantités importantes et aucune graisse. Après analyse, il semble que la teneur en galactose soit comparable à celle du fructose. Les propriétés moussantes et émulsifiantes de l'aquafaba proviennent très certainement des protéines. Les sucres, quant à eux, pourraient contribuer à stabiliser la mousse[3]. Mais toutes les aquafabas ne se valent pas... Si vous consommez des pois chiches en boîte, préférez-les sans sel et sans additif : les mousses seront plus stables[4].

QUE PEUT-ON EN FAIRE ?

L'aquafaba s'utilise dans toutes les recettes qui nécessitent des blancs d'œufs (voir les recettes pages suivantes). On peut les monter de la même façon qu'eux, mais aussi ajouter l'aquafaba telle quelle à une pâte à gaufres, pâte à crêpes ou à n'importe quelle préparation sucrée ou salée qui nécessite des œufs.

L'EAU DE CUISSON DE TOUTES LES LÉGUMINEUSES ?

Euh, non, pas vraiment. J'ai testé pour vous et j'en ai mis plein la cuisine...

– L'eau de conservation du maïs : oubliez-la, ça éclabousse partout, idem avec celle des pousses mungo.
– L'eau de cuisson maison des lentilles mousse, mais ne monte pas (essais avec eau salée et eau non salée). On l'oublie aussi. Oubliez aussi celle des haricots rouges et même celle... des pois chiches ! Je suis preneuse d'une recette de cuisson des pois chiches maison avec aquafaba. Malgré quelques témoignages sur Internet, je ne suis pas parvenue à l'obtenir...

LES EAUX DE CUISSON, C'EST BON POUR LE JARDIN !

Gardez sous la main une grosse gamelle ou un bel arrosoir en fer blanc dans lequel vous laisserez refroidir toutes vos eaux de cuisson (œufs, pâtes, riz, pommes de terre...). Elles contiennent des nutriments utiles au sol qui activent la croissance des plantes. Ah oui, j'oubliais : évitez de saler, c'est mieux ! Bouillantes, toutes les eaux de cuisson brûlent les herbes du sol. Ce sont des désherbants naturels.

FAITES-EN...

DE LA MAYO BLANCHE

Mayonnaise ou sauce vinaigrette ? Quand vous l'aurez faite, vous ne verrez peut-être pas de différence. C'est fou : elle ressemble terriblement à celle du commerce en bien meilleure !

3 cuillerées à soupe d'aquafaba

1 cuillerée à soupe de moutarde

+

1/2 cuillerée à soupe de jus de citron

Versez dans un bol étroit

Mixez à l'aide d'un mixeur plongeant

LAISSEZ MONTER QUELQUES INSTANTS.

VERSEZ L'HUILE EN FILET EN CONTINUANT DE MIXER COMME UNE MAYONNAISE CLASSIQUE.

ASTUCE

Congelez-la dans des blocs à glaçons, c'est formidable !

GRAISSE ET TESTS

Après bien des essais, et bien des ratages (Internet n'est pas toujours fiable), voici la recette que j'ai retenue et qui a marché, ouf... On peut l'aromatiser avec des herbes ou y ajouter de la purée de sésame, mais elle restera toujours grasse. C'est une mayonnaise. Si la consistance est trop liquide : alors, vous venez de fabriquer une vinaigrette. Mettez-la en bouteille ou conservez-la au congélateur.

CONSERVATION QUELQUES JOURS AU RÉFRIGÉRATEUR

FAITES-EN...

DES MOUSSES LÉGÈRES

Délicieuses et faciles à faire, ces mousses seront votre plan B si vous avez des invités.

3 cuillerées à soupe d'aquafaba

Quelques gouttes de jus de citron

Versez dans un bol étroit

Montez-les en neige

1 cuillerée à soupe de sucre complet

CONTINUEZ DE MONTER L'AQUAFABA EN NEIGE.

1 petite tasse de fruits coupés (abîmés, c'est bien aussi)

Battez, tout en versant les morceaux de fruits (oui, je sais, ce n'est pas simple).

MIXEZ LE PLUS LONGTEMPS POSSIBLE POUR OBTENIR UNE MOUSSE TRÈS COMPACTE.

Versez la mousse dans les ramequins et placez au frais 2 heures au moins.

TROP LÉGÈRE LA MOUSSE ?

Elle peut manquer de consistance, c'est aussi ce que je pense. Utilisez-la en mousse sur un biscuit ou en chantilly. Pour un dessert plus compact, qui a de la tenue et un peu plus de saveur, on y ajoute du mascarpone avant de la placer au frais. Je l'ai adorée telle quelle en mousse congelée.

CONSERVATION UNE JOURNÉE AU FRAIS

LES BOÎTES DE CONSERVE

Symboles de la société de consommation et de la conservation, les trois milliards de boîtes métalliques produites en France chaque année ont encore de beaux jours devant elles.

POURQUOI LES RECYCLER ?

Recyclable quasiment à l'infini, déchet « performant » au tri aimanté facile, la boîte de conserve n'en demeure pas moins un objet que l'on peut utiliser plutôt que jeter.

QUELLES BOÎTES RECYCLER ?

À l'origine en fer blanc, les boîtes de conserve sont en majorité (85 %) en acier mince (pour les plus grandes) ou en aluminium. Ces deux matériaux conduisent l'électricité et la chaleur. L'aluminium, plus souple que l'acier, reflète mieux la lumière, résiste mieux à la corrosion, mais ne possède pas de qualité magnétique, contrairement à l'acier. Ces deux métaux peuvent être découpés (avec une scie à métaux), percés, soudés, vissés, accrochés…

Veillez toutefois à ne choisir que les boîtes dont le couvercle a été bien découpé. À ma grande satisfaction, j'ai constaté que certaines boîtes ne présentent plus aucune aspérité, ni aucun risque de blessure après leur ouverture.

COMMENT LES RECYCLER ?

Les boîtes de conserve peuvent donc être assemblées, trouées, découpées… contenir de la terre, des aliments, des objets… être à l'intérieur d'une maison ou à l'extérieur.

EN INTÉRIEUR

On peut les transformer en rangement dans le garage, dans le bureau, en égouttoir, en pot à couverts, en porte-bouteille, en pots pour les aromatiques, en spots électriques…

EN EXTÉRIEUR

On peut les transformer en pots pour les herbes, mur végétal, photophores, mangeoire pour les oiseaux, pièges à bière pour les limaces…

LES OUTILS NÉCESSAIRES

Pour travailler simplement ces boîtes, on choisira une vrille pour percer, ou un marteau et un clou, de la toile émeri pour limer les bords ou une bonne lime ronde (queue-de-rat) ou triangulaire (tiers-point).

FAITES-EN…

DES ÉCHASSES

Souvenir d'enfance, de kermesse ou de colo, on redécouvre ces jeux simples, à faire avec les enfants bien sûr.

2 grandes boîtes de conserve de même dimension

\+

1 marteau et 1 clou

PERCEZ DE CHAQUE CÔTÉ DE LA BOÎTE, JUSTE SOUS LE FOND.

\+

Ficelle solide

ENFILEZ LA FICELLE DANS LE TROU D'UNE DES DEUX BOÎTES ET NOUEZ-LA SOLIDEMENT À L'INTÉRIEUR.

\+

1 paire de ciseaux

AJUSTEZ LA FICELLE À LA TAILLE DE L'ENFANT, POUR QU'ELLE SERVE DE LANIÈRE BIEN TENDUE ET COUPEZ-LA EN LAISSANT QUELQUES CENTIMÈTRES EN PLUS.

PASSEZ L'AUTRE EXTRÉMITÉ DE LA FICELLE DANS LE 2E TROU ET NOUEZ-LA SOLIDEMENT À L'INTÉRIEUR DE LA BOÎTE EN MÉTAL.

ON PART EN BOÎTE ?

Inspirez-vous des nombreuses photos qui existent sur Internet pour décorer la paire d'échasses, avec l'enfant bien sûr.

J'SUIS TOUTE CHAMBOULÉE !

Les boîtes de conserve peuvent servir à animer des jeux type chamboule-tout qui font les belles heures des fêtes et autres kermesses. Des chaussettes rembourrées servent de balles.

LES BOUCHONS DE LIÈGE

Au fil des années, nous avons vu les bouchons se transformer du liège au plastique, qui décidément s'est invité partout, même à nos tables. Et pourtant, les qualités intrinsèques du liège en font un matériau durable, intemporel... qu'il est dommage de jeter.

POURQUOI CONSERVER LES BOUCHONS EN LIÈGE ?

L'écorce du chêne-liège est constituée de microcellules séparées par un mélange compact et gazeux, composé en majorité d'une substance cireuse et isolante thermique (subérine). Cette particularité rend le liège très léger (90 % de son volume est constitué d'air), flottant, imperméable et donc quasiment insubmersible. Il est flexible et souple, il reprend sa forme initiale en cas d'exposition à des forces élevées ou à une pression forte (ce qui est la définition de la résilience). Il garde les odeurs, ne les restitue pas et possède une résistance naturelle aux champignons. Le liège ne laisse pas passer la chaleur et stabilise la température et l'humidité de l'air. C'est un bon régulateur. Il possède des propriétés acoustiques, amortit les vibrations et absorbe une partie des sons (dans les gammes de fréquences de 400 à 4 000 Hz). Il résiste au feu, ne conduit pas l'électricité tout en ayant des propriétés anti-électrostatiques. Le temps n'altère aucune de ses propriétés, et s'il vous manquait un argument pour l'aimer, sachez que les chênes-lièges s'autorégénèrent et qu'ils régulent les incendies de forêt, ne propageant pas le feu. Le liège a une combustion lente, sans dégagement toxique.

COMMENT LES UTILISER ?

On imagine donc aisément tout ce qu'on peut en faire, sachant que l'on peut le couper, le trancher, l'assembler, le coller, le visser, le gratter...

Cette matière sera donc retenue pour faire des jouets type petits bateaux, un porte-clé insubmersible, des allume-feux, pour absorber les odeurs, caler des meubles, réparer des poignées de casseroles ou couvercles, enrouler des petits câbles ou des fils, en butoir pour amortir le bruit d'une porte qui claque...

FAITES-EN…

DES ALLUME-FEU MAISON

Ils sont si faciles à faire que cela devient un jeu d'enfant, qui ne doit pas jouer avec le feu…

Alcool (à brûler ou autre)

Versez dans 1 bocal en verre

Bouchons en liège

TREMPEZ LES BOUCHONS EN LIÈGE DANS LE BOCAL REMPLI D'ALCOOL.

« Je fais ça depuis plusieurs années, après l'avoir vu chez des amis en Gironde. »

Caroline

MODE D'EMPLOI

Sortez-en un au moment d'allumer le feu
à l'aide d'une pince
(type pince à cornichon)
Placez-le au démarrage du feu.
Allumez avec prudence.

ON RÉCUPÈRE…

Les capsules de café usagées en papier, que l'on plonge dans un bocal avec de l'alcool à brûler. On laisse s'imprégner quelques jours et, délicatement, on en prend un ou deux avec une pince à cornichon en métal. Attention : ça flambe bien, ça flambe vite et c'est très efficace.

LES BOUTEILLES ET BOÎTES EN PLASTIQUE

Elles sont là, tout autour de nous, et on préfèrerait les bannir. Mais comment faire pour éviter de jeter des bouteilles en plastique ou des objets qu'on possède ?

QUEL PLASTIQUE TRANSFORMER ?

Il y a plastique et plastique. Ceux qui nous intéressent pour un éventuel recyclage sont de la famille PET (Polyéthylène Téréphtalate) et PEHD (Polyéthylène haute densité) comportant respectivement les chiffres 1 et 2 à l'intérieur du ruban, le logo du recyclage. Ce sont les bouteilles transparentes des boissons, eaux plates et gazeuses (1), les bouteilles opaques du lait et les bouchons des bouteilles (2). Ces derniers présentent de nombreux avantages (couleur, facilité de récupération, de rinçage...). Optez pour le plastique 2 pour faire vos premiers essais : il fond facilement sans danger et sans fumée.

COMMENT LE TRANSFORMER ?

Ces types de plastiques fondent sous l'effet de la chaleur (au four ou au bain-marie) ou d'hydrocarbures (essence, acétone...). Explorez la première piste avant la suivante. Faites des essais en extérieur ou dans un garage.

Les bouteilles en plastique se transforment depuis toujours en quilles pour jeux d'enfants, en pièges à limaces (découpées et remplies d'un peu de bière), en entonnoir, en mangeoires à oiseaux, en maracas, en arrosoirs permanents pour les plantes...

FAITES-EN...

DES OBJETS UTILES AU JARDIN

DES MINI-SERRES

Vous avez récupéré des boîtes en plastique alimentaire avec couvercle (et oui ça peut arriver) ? Faites-en des mini-serres. Pratiques et faciles d'usage, elles vous serviront à faire lever les premières graines du printemps, chez vous ou dans une serre. On les remplit de terreau avec un peu de marc de café séché, on y sème les graines (de courge ou d'autres légumes) qu'on regarde lever chaque jour. Avec les enfants, c'est encore plus merveilleux à observer.

Personnellement, je recycle même les grandes boîtes de rangement en plastique sur roulettes en petites serres, dès le mois de mars. Elles trouvent leur place en intérieur et même dehors au jardin pour les premières pousses.

UN OPEN BAR

Ma pratique préférée est connue : je découpe des bouteilles en plastique en pratiquant une ouverture latérale. Je les dispose au sol, loin des salades (en périphérie du jardin, c'est encore mieux) et j'y verse de la bière (bon marché : il ne faut rien exagérer). Par l'odeur alléchées, les limaces s'y rendent toute la nuit et n'en sortent pas.

DES IDÉES EN BOUTEILLES

Sur Internet, vous verrez de nombreuses utilisations de bouteilles plastique au jardin ou sur le balcon. Coupées et alignées, elles sont transformées en mur végétal, on y place délicatement les premières pousses de courgettes pour les protéger du froid et de la pourriture, elles protègent les plants de tomates, trouées et vissées au bout d'un tuyau d'eau sous pression, elles arrosent dans un rayon proche. Elles peuvent même se transformer en mur pour constituer un tunnel ou une serre chauffée naturellement. L'imagination est sous le signe de l'eau !

ARROSER EN PERMANENCE

Transformez vos bidons en arrosoirs en trouant le couvercle. Moins lourds et plus pratiques, vous pourrez en disposer sur le balcon, dans la serre, sur la terrasse et dans le jardin.
En terre, des bouteilles plastiques trouées et enterrées diffusent l'eau près des racines. Prenez soin de les retirer en fin de saison, le plastique s'abîme vite. Les envelopper dans du coton peut être une bonne solution pour déterrer la bouteille.

LES COQUILLES D'ŒUFS, COQUILLAGES ET CRUSTACÉS

Pourquoi garder les coquilles vides, franchement ? L'ère des cendriers a heureusement pris fin et une autre ère s'est annoncée. Les coquilles – qu'elles soient de Saint-Jacques ou d'ailleurs – trouvent leur place en moule dans les confiseries maison ou pour y couler du savon mou qui durcira à l'air (voir p. 22). C'est au jardin ou au pied des arbres que les coquilles vides et les carapaces de crustacés peuvent aussi échouer...

COMPOSITION

Les carapaces de crustacés sont composées d'un produit naturel de grand intérêt : la chitine (25 % environ) et de carbonate de calcium (75 % environ). Ensemble, les deux forment un matériau très résistant : la carapace. Blanche, souple et perméable à l'eau, la chitine (prononcez kitine) est sécrétée par des glandes, également présentes chez les araignées, certains insectes et des champignons, pour qui elle semble jouer le même rôle que la cellulose.

Présente dans tous les océans du globe, la chitine se répartit de manière égale (environ 1 g/an/m^2) quel que soit le lieu et les écosystèmes, soit environ 2 milliards de tonnes chaque année dans les eaux du globe. Supportée par l'organisme humain, la chitine se révèle un bon cicatrisant dans le traitement des brûlures, par exemple, elle peut former une peau artificielle bioassimilée naturellement, composer des fils chirurgicaux... Elle fixe les métaux lourds présents dans l'eau, aide à clarifier et à filtrer des jus.

L'AVENIR EST DANS LA CHITINE ?

En se dégradant, la chitine, tunique (au sens propre du terme, en grec) des arthropodes, nourrit les microorganismes et les bactéries du sol. Elle fixe les métaux lourds (cadmium, cuivre, chrome, zinc, plomb...) en solution dans l'eau salée ou dans l'eau douce. Biocompatible, biodégradable et non toxique, cet élément naturel peut être utilisé dans le traitement de l'eau, les pâtes à papier, dans l'agriculture (enrobage des graines, fertilisant, bio-fongicide, stimulateur de floraison, germination et fructification...), dans les bioplastiques en substitution des dérivés pétroliers, en alimentation (agent de conservation, antibactérien et antifongique, épaississant, émulsifiant...), en cosmétique (hydratant, antibactérien, anti-odeur, traitements capillaires, gel dentaire...) et aussi en médecine et dans le biomédical (agent antibactérien, antifongique, immunostimulant, hémostatique, anticoagulant, antithrombogène, agent d'accélération de la cicatrisation, traitement des brûlures, des lésions épidermiques, pansements, bandages, peau artificielle...). La chitine et son dérivé le chitosan font l'objet de plus de 10 000 publications scientifiques et 40 000 brevets depuis l'an 2000[5].

FAITES-EN…

DES REMÈDES NATURELS

Il y a plusieurs siècles, en Corée, au Japon… des carapaces réduites en poudre servaient de remèdes naturels en santé. On redécouvre aujourd'hui les nombreuses propriétés des carapaces sur la plage abandonnée…

DE L'ANTIPOURITURE

Le carbonate de calcium qui compose les coquilles d'œufs, les coquillages et en partie la carapace des crustacés, protège de la pourriture apicale (maladie du « cul noir »). On les écrase donc au pied des tomates, des concombres, des fèves… pour les empêcher de pourrir par… la tête.

CHITINE ET COMPAGNIE

Au jardin, la chitine aide à contrôler des maladies d'origine fongique, bactérienne ou virale (voir page précédente). Plongez les carapaces dans de l'eau de pluie pour un arrosage antimildiou ou écrasez-les au pied des tomates. Déposez aussi vos coquilles au pied des arbres ou des arbustes, couvrez-les de litière animale ou d'un autre produit acide (un peu de résidu de toilettes sèches).

UNE BARRIÈRE ANTILIMACES

Parfois, cette recette fonctionne, mais pas toujours. Tentez-la, vous verrez bien si les coquilles d'œufs broyées en petits morceaux éloignent ou non vos indésirables mollusques. Dispersez-les autour des plantes à protéger en barrière et observez. La nature est si belle.

DES COQUILLES AU BALCON ?

Le carbonate de calcium contenu dans les coquilles d'œufs et les coquillages enrichit la terre de vos plantations sur le balcon ou en terrasse. Vous pouvez, si le cœur vous en dit, les recouvrir de litière animale à base de bois ou d'un produit naturel acide pour les décalcifier. Allez chez votre poissonnier, à la pêche à pied ou chez les restaurateurs qui souvent ne connaissent pas les trésors qu'ils jettent.

FAITES-EN…

DES ROUDOUDOUS

Petites ou grandes, les coquilles trouvent leur place en moule dans les confiseries maison.

Papier journal froissé

Disposez-le dans un plat

Calez-y les coquillages lavés et séchés

1 verre de jus de fruit

3 cuillerées à soupe de sucre cristallisé

Versez dans une casserole à fond épais

Portez à ébullition et laissez réduire d'un tiers environ

QUAND DES PETITES BULLES SE FORMENT À LA SURFACE ET QUE LA MASSE SE DÉTACHE FACILEMENT DE LA PAROI, RETIREZ DU FEU.

VERSEZ TRÈS DÉLICATEMENT LE JUS CARAMÉLISÉ DANS CHAQUE COQUILLAGE EN REMPLISSANT AUX TROIS-QUARTS.

LAISSEZ DURCIR QUELQUES HEURES AU FRAIS, PUIS DÉGUSTEZ DOUCEMENT.

VERSION CHOCOLATÉE

Pour une quarantaine de chocoramels, brisez une plaquette de chocolat noir en morceaux. Placez-les dans une casserole à fond épais en ajoutant 1 verre de crème liquide et 3 cuillerées à soupe de miel. Faites chauffer à feu doux et ajoutez 10 cuillerées à soupe de sucre complet. Portez à ébullition quelques minutes. Quand le mélange n'attache plus aux parois, versez une goutte sur une assiette : si elle reste en masse, le caramel est prêt. Versez dans les coquillages et laissez durcir quelques heures au frais. Vous ferez des heureu-x-ses.

LES ÉPLUCHURES ET FANES

Qui nous aurait dit qu'un jour, en temps de paix, nous serions nombreuses et nombreux à nous échanger des recettes de fanes et d'épluchures, qui ne finissent ni au compost, ni en parures, mais dans nos assiettes pour nous régaler ?

POURQUOI LES CUISINER ?

Cuisiner fanes et épluchures, c'est profiter au maximum des nutriments des végétaux. La majorité des fibres, des vitamines et des minéraux se trouvent dans leur peau[6]. Dans de nombreux pays, l'apport en fibres est insuffisant. Il devrait être du double en France par exemple (15 g/jour au lieu de 30 g recommandés). Cuisiner les fanes, c'est cuisiner des fibres, douces ou dures. Les premières (issues de la pectine, des légumes et légumineuses et des algues) sont solubles et forment un gel visqueux tapissant la paroi de l'intestin. Elles régulent ainsi l'absorption intestinale des glucides et du cholestérol. Les fibres dures (cellulose et lignine contenues dans les tiges des végétaux), quant à elles, sont insolubles et gonflent en absorbant jusqu'à 20 fois leur poids en eau. Elles améliorent le transit intestinal. On peut donc manger les fanes des légumes et leur peau pourvu qu'ils soient bio, mais on peut préférer écarter les épluchures ou les parties trop épaisses. Cuisiner fanes et épluchures permet aussi de réduire le volume du compost ou des déchets verts (c'est un tiers de nos ordures ménagères).

COMMENT FAIRE ?

Acheter du bio, cela va sans dire, ou récolter le bio de son jardin ou de son balcon. Les pesticides se concentrent dans la peau : on oublie la chimie. Par précaution, on lave nos fruits et nos légumes dans une eau avec du bicarbonate : il capte les métaux lourds et nettoie en profondeur. Il m'arrive même de le faire pour les salades de mon jardin, qui je le reconnais sont mieux nettoyées avec du bicarbonate de soude (et du vinaigre blanc pour les éventuels limaçons).

LES PLANTES AROMATIQUES

Menthe, coriandre, persil, cerfeuil et j'en passe... les tiges ont autant d'intérêt que les feuilles. On les coupe en petits dés, on les congèle, on les sèche, on les infuse, on les macère... bref on les garde.

LES LÉGUMES

Être fan des fanes est devenu le jeu de mots à la mode. De nombreuses recettes existent désormais sur Internet et dans des livres. Le plus simple est de cuisiner les fanes comme des légumes, en tenant compte toutefois de leurs fibres. Souples, elles se marient bien aux pestos, aux soupes, aux sauces et peuvent être dégustées crues. Dures (voir la rigidité des tiges), elles doivent être impérativement cuites et éventuellement mixées et passées au chinois. Elles sont toutes indiquées pour des potages, des infusions, associées à une purée, une omelette...

Plus les fanes ou épluchures ont du goût, meilleures elles seront en cuisine. On découvre ainsi les épluchures de pommes de terre, de betteraves, de navet, de panais, de chou-rave, les cosses de petits pois, de fèves... en chips ou en velouté. À nos gamelles !

HOP, AU COMPOST !
Composée de protéines, fibres, sucres... la peau de banane trouve sa place au compost. Elle libère de l'azote, du potassium, du phosphore, du magnésium et du fer. Que des bonnes nouvelles pour les légumes et les plantes. Il faut cependant brasser son compost pour que les peaux se dégradent (trois fois plus vite), les couper en morceaux leur permettra aussi une meilleure dégradation, on s'en doute.

LA VIANDE ET LE POISSON

Les carcasses et os de viande s'utilisent en bouillon, pour faire des fonds (fonds de volaille...), des sauces, des veloutés... On ne cuisine ni les yeux, ni les branchies des poissons qui troublent les fumets. Les arêtes crues et la peau, en revanche, en sont la base. On évite de mettre au compost les os restants et les grosses arêtes qui demandent beaucoup de chaleur pour se décomposer et risquent d'attirer des rongeurs. On peut les brûler dans une cheminée (foyer ouvert) : les voisins apprécieront l'odeur de barbecue.

LES FRUITS

Les épluchures et queues de fruits sont à réutiliser en réduction pour des confitures, des sirops, en chips au four, en infusion dans des crèmes, dans des eaux, des jus de fruits, en glaces ou en sorbets, dans des liqueurs ou même en pickles ou dans des vinaigrettes. Les peaux de bananes, bio ça tombe sous le sens, deviennent aussi tendances que les graines de chia ou le quinoa. Bien mûres, elles se mixent facilement en smoothies au blender.

PLANTEZ VOS NOYAUX !

Des fruits, il ne reste que pépins et noyaux que l'on peut, selon les fruits, planter ou croquer après passage au four.

ON S'EN GRILLE UNE ?

Tout est bon dans le potiron et rien ne se jette dans la courgette. Les graines de courge ont des vertus sur la santé (protéines, magnésium, fibres, acides gras...) et peuvent se déguster cuites.

On récupère les graines après avoir évidé la courge (potimarron, coureuse de Nice, butternut, bleue de Hongrie...), on les rince, on les fait sécher après avoir retiré les filaments. À la poêle, au four, salées, nature ou sucrées, les graines s'apprécient pour leur croquant ou s'ajoutent dans une préparation (biscuits, pain...). Cet été, vous testerez les pépins de melon et les graines de pastèque à servir à l'apéritif. Pensez à en détourner quelques-unes avant de les griller pour les semer au jardin ou sur la terrasse. Conservez les graines dans un bocal hermétique.

DES APPLICATIONS ÉPATANTES
Découvrez l'application TooGoodToGo qui propose des invendus de restaurants et de commerce à des prix imbattables. Dans les grandes villes, connectez-vous aussi sur Optimiam. L'empreinte carbone d'un aliment vous sera révélée par EatforGood (mais pourquoi autant de noms anglais, bon sang ?) ou en scannant un produit avec Karbon.

FAITES-EN…

UN NETTOYANT MULTI-USAGE

Des citrons ou des agrumes en cuisine, c'est facile à trouver, c'est aussi facile de garder les pelures et les peaux. Il reste de l'acide citrique dans la peau, surtout celle des citrons, acide bien pratique pour nettoyer.

1 litre de vinaigre d'alcool

+

1 bocal en verre

+

Ajoutez des peaux de citrons pressés

LAISSEZ MARINER QUELQUES JOURS.

Versez dans un pulvérisateur

MODE D'EMPLOI
Pulvérisez sur les surfaces à nettoyer en cuisine ou en salle de bains. Ce produit est un bon nettoyant, dégraissant, il désinfecte en partie.

ACIDE
Le citron contient plus d'acide citrique que les autres agrumes (5 % environ). Combiné aux différents acides présents dans le vinaigre, il rend le produit final encore plus fongicide et plus bactéricide.

MULTITÂCHES
Versez-en 1 verre dans le compartiment assouplissant de votre machine à laver. C'est un bon assouplissant naturel. Utilisez-le aussi pour détartrer votre cafetière.

FROID OU CHAUD ?
Faire chauffer le vinaigre permet une dilution plus rapide des acides présents dans l'écorce du citron.

CONSERVATION
QUELQUES MOIS À CHALEUR AMBIANTE

FAITES-EN…

DES ENTRECÔTES DE CHOU-FLEUR

Quel est le légume qui, épluché, prend plus de place dans la poubelle du compost quand dans l'assiette ? Le chou-fleur, assurément. Avant cette recette, vous ne mangiez que la fleur. Désormais, comme moi, vous vous régalerez aussi avec les côtes.

1 chou-fleur

ÉPLUCHEZ LE CHOU-FLEUR EN SÉPARANT LES CÔTES ET LES FEUILLES VERTES DU BOUQUET ROND HABITUEL (LA FLEUR).

1 grande casserole

+

1 pincée de bicarbonate de soude

FAITES CUIRE À LA VAPEUR OU DANS L'EAU. ÉGOUTTEZ.

+

Découpez en tronçons assez petits les feuilles et les côtes

+

50 g de beurre

1 poêle

FAITES-LES REVENIR DANS DU BEURRE À LA POÊLE.

SERVEZ CHAUD AVEC UN ŒUF AU PLAT PAR EXEMPLE.

ENSEMBLE OU PAS ?

Faites cuire ou non dans le même récipient la fleur et les côtes. Ces dernières se conservent au frais plus longtemps que la fleur et peuvent donc être cuisinées deux ou trois jours après pour un nouveau repas.

ON RÉCUPÈRE...

Sur le même principe, les épluchures et les feuilles de betterave qui procureront une saveur puissante, les cosses des fèves et petits pois (il faudra passer au chinois le velouté avant de le servir), les épluchures de pommes de terre que l'on peut simplement laisser infuser pour un bouillon aromatisé très terrien.

ON INFUSE...

- Les feuilles de betterave, de pois ou de fèves qui apporteront une couleur et une saveur étonnante à une sauce, une chantilly salée ou même à une crème.
- Les feuilles d'artichaut avant de les mettre au compost. Le bouillon sera un excellent dépuratif du foie.

UN VELOUTÉ CHOU

Mixez les côtes et les feuilles cuites, faites chauffer en ajoutant 1 cuillerée à soupe de crème fraîche et du parmesan et régalez-vous.

ON GRILLE...

Au four, en chips avec un peu d'huile, les épluchures de pommes, de poires ou de pommes de terre pour une version apéritive salée. Procurez-vous un vaporisateur à huile, sinon gare aux doigts sur le canapé pendant l'apéritif ! Même avec des serviettes, il reste des auréoles...

FAITES-EN…

DES CRÈMES À LA BANANE

On la jette avec dédain au compost, mais la peau de banane peut encore servir en cuisine. Elle parfume et apporte une note sucrée, à la saveur caractéristique.

1 peau de banane bio (sans la queue)

+

1 verre de crème fraîche

+

2 verres de lait ou de boisson végétale

+

1 cuillerée à café de miel liquide

Mixez l'ensemble dans un blender

Versez dans une casserole

+

1 cuillerée à café rase d'agar-agar

PORTEZ À ÉBULLITION JUSQU'À CE QUE LE MÉLANGE ÉPAISSISSE.

Versez en pots. Placez au frais pendant au moins 2 heures.

LA BANANE FAIT PEAU NEUVE

Les peaux des banane sont composées d'environ 60 % de sucres (dont de l'amidon) et de fibres (plus de 30 %)[7]. On peut donc les transformer en bioplastique compostable, moins souple toutefois qu'un bioplastique industriel de pomme de terre[8].

COULEUR CARAMEL

Les filaments de banane se colorent à la cuisson et apportent une couleur caramel à l'ensemble. Ils restent en fibres, n'hésitez pas à filtrer avant de mettre en pots si vous n'aimez pas cette texture.

FAITES-EN…

DES CRÈMES À L'ORANGE

Quand vous aurez goûté cette crème, vous aurez envie de garder toutes vos pelures d'orange. L'important est de retirer la casserole du feu… au bon moment !

Des épluchures de pamplemousse, d'orange ou de clémentines

\+

2 verres d'eau

↘

Versez dans une casserole

LAISSER MIJOTER À COUVERT 20 MINUTES AU MOINS.

QUAND L'EAU S'EST ÉVAPORÉE DE MOITIÉ, COUPEZ LE FEU ET LAISSEZ INFUSER 1 HEURE ENVIRON. RÉSERVEZ LE JUS.

\+

2 œufs + 2 jaunes (congelez les blancs pour une utilisation ultérieure)

↘

Versez dans une casserole

\+

3 cuillerées à soupe de sucre

FOUETTEZ LES ŒUFS ET LE SUCRE SUR FEU DOUX.

\+

Ajoutez 80 g de beurre et le jus des agrumes infusé

FOUETTEZ JUSQU'À OBTENIR UN ÉPAISSISSEMENT ET SORTEZ IMMÉDIATEMENT DU FEU. ATTENTION, LES JAUNES NE DOIVENT PAS CUIRE

↘

Placez en ramequins au réfrigérateur

FAITES-EN…

DU VINAIGRE AUX AGRUMES

En hiver, on consomme les agrumes pour leurs vitamines et en été, pour la fraîcheur qu'ils nous apportent. Mais que faire des peaux ? Voici quelques pistes pour les recycler intelligemment.

Peaux d'agrumes

+

Couteau et planche à découper

COUPEZ EN FINES LAMELLES LES PEAUX DES AGRUMES.

Plongez-les dans le vinaigre de cidre

LAISSEZ MACÉRER QUELQUES SEMAINES À TEMPÉRATURE AMBIANTE, PUIS UTILISEZ CE NOUVEAU VINAIGRE AROMATISÉ.

ENCORE UN ZESTE !

Il est encore temps de prélever les zestes sur la peau du citron, qu'il soit vert ou jaune, mais il sera mou et donc difficile à zester… tant pis, il fallait y penser avant. Prélevez-les à l'aide un économe sans prendre le ziste (vous avez bien lu : le ziste est la membrane blanche sous l'écorce de la peau du citron). Plongez-les ensuite dans une casserole d'eau froide et portez-les à ébullition pendant au moins 1 minute. Égouttez-les. Les puristes nous recommandent de répéter deux fois cette opération dans une nouvelle eau pour enlever l'amertume des zestes. Congelez vos zestes refroidis pour les utiliser ultérieurement (en infusion, en les saupoudrant sur du poisson, dans une compote, une pâte à gâteau, pour parfumer une huile…) ou faites-les sécher au four pour les réduire en poudre (à ajouter dans vos plats tant qu'il vous plaira).

HOP, AU COMPOST ?

Les agrumes au compost, j'assume ! Voilà un sujet qui fâche s'il en est. Il déchaîne des passions et provoque des colères virtuelles ou réelles. Calmons-nous et réfléchissons. Un compost équilibré est un compost avec un pH[9] compris entre 7,5 et 8,5. Au début de sa fabrication, votre compost passera naturellement par une phase acide : les sucres simples se dégradent en acides organiques et en CO_2. Puis l'acidité remontera naturellement (sous l'effet des bactéries) pour se situer vers une zone tampon (aux alentours de 7). Trop d'acidité (trop d'agrumes) nuit au compost, pas assez nuit aussi. Tout est question d'équilibre. On peut donc comme moi assumer les peaux d'agrumes au compost tout en équilibrant avec des apports moins acides (cendres de bois, par exemple).

FAITES-EN…

UN REMÈDE CONTRE LES VERRUES

Voici une recette traditionnelle que je n'ai pas pu tester sur moi. Je garde du citron dans du vinaigre, au cas où…

La peau d'un citron

+

Couteau et planche à découper

COUPEZ LA PEAU DU CITRON EN PETITS MORCEAUX (ENVIRON DE LA TAILLE DE VOTRE VERRUE).

+

Vinaigre blanc

Remplissez 1 bocal en verre

PLONGEZ LES PEAUX DE CITRON DANS LE BOCAL.

LAISSEZ À TEMPÉRATURE AMBIANTE PENDANT AU MOINS UNE JOURNÉE.

LE CITRON À TOUT FAIRE

Votre préparation de citron dans le vinaigre servira également de produit nettoyant.

MODE D'EMPLOI

Sortez un morceau du citron du bocal (il doit être de la même taille que votre verrue) et placez-le délicatement dessus. Faites-le tenir grâce à un pansement et gardez-le toute une nuit. Renouvelez éventuellement l'opération.

LE MARC DE CAFÉ

L'or noir pourrait bien devenir brun quand on parle du marc de café. On connaît quelques-unes de ses applications (au jardin, en gommage...) mais on est loin d'imaginer son potentiel. Buvons du café et récupérons le marc !

NOIR ET GRAS

On sait que le café est gras quand on le fait sécher, mais il est plus riche en glucides (plus de 40 %) qu'en lipides (entre 10 et 15 % environ), voilà pourquoi il peut être transformé en biocarburants (biodiesel, bioéthanol, biohuile) à condition de le faire sécher. 100 g de marc de café peut donner 13 ml de biodiesel environ. Le marc de café améliore les propriétés de certains matériaux biodégradables. Une tonne de marc permet d'obtenir 97 kg de polymères utilisés dans les biomatériaux. On l'utilise aussi comme matériaux pour la fabrication de bijoux, comme résine, lubrifiant, en remplacement des microbilles de plastique... et même en combustible.

AU FOUR ET AU MOULIN

Au Brésil et aux Pays-Bas (groupe Véolia), les usines de fabrication de café soluble alimentent leurs fours grâce à leur marc. Cinq kilos de marc brûlé produit autant de vapeur qu'un litre d'huile environ. Le marc doit sécher : de 80 % de taux d'humidité à 25 % environ. Les cendres issues de la combustion sont de bons fertilisants (phosphore, calcium et magnésium). Des granules de combustion produites à partir du marc de café existent déjà, mais ils doivent être associés à 50/50 à des granules de bois pour plus d'efficacité et générer moins d'émissions de gaz et de particules. Qu'attendons-nous pour nous chauffer au café, surtout quand on sait que le pouvoir calorifique du marc de café est supérieur à celui du bois (5700 kcal/kg de matière sèche contre 5450 kcal/kg) ?

DANS LA SALLE DE BAINS

Les sucres composés, les polyphénols et les minéraux présents dans le marc de café en font un bon partenaire dans nos cosmétiques maison. On lui a trouvé une activité antiradicaux libres, antioxydante (par les tanins), des propriétés anti-allergènes, anti-inflammatoires et antitumorales, dues peut-être aux pigments bruns (mélanoïdes et polyphénols).

EN CUISINE

Impressionnant de savoir que le marc de café contient en moyenne 10 % de protéines, composées des acides aminés essentiels au complet, avec une concentration deux fois plus importante que dans les tourteaux de

soja. Qui l'eût cru ? Du potassium, du phosphore, du magnésium, du calcium, du fer, du manganèse, du cuivre... comment jeter le marc de café après cela ? Reste à savoir comment l'utiliser en cuisine pour combler des malnutritions dues aux maladies (cancer, brûlure, insuffisance hépatique...) ou pour le goût aromatique que le marc possède encore ? Des pistes prometteuses sont du côté de la boulangerie, mais aussi de recettes à tester chez soi (huile de café, beurre au marc...).

La richesse en sucres, en graisses et en fibres alimentaires solubles du marc de café en fait un très bon émulsifiant naturel stable qui peut trouver de nombreux débouchés dans l'industrie alimentaire et pharmaceutique.

Enfin, le marc de café nettoie l'eau contenant du plomb. Ses protéines fixent les métaux lourds, ce qui en fait un chélateur intéressant.

DANS LA NATURE ET AU JARDIN

Mauvaise idée de jeter du marc de café par les fenêtres ! Ses nombreux composés riches au jardin, au compost et à la maison peuvent être écotoxiques pour les cours d'eau. Le marc est gourmand en oxygène et doit être traité pour être incorporé dans certaines préparations industrielles. Impossible donc d'utiliser des tonnes de marc telles quelles en remblai de route comme cela a été envisagé par exemple.

FAITES-EN...

DES MOUSSES AU CAFÉ

On a l'habitude de boire le café, mais pas de cuisiner son marc... J'ai essayé pour vous cette recette.

2 jaunes d'œufs

2 cuillerées à soupe de sucre

Fouettez dans un saladier

1 verre de lait

1 cuillerée à café bombée de marc de café séché (ou 1 dosette)

Faites chauffer dans une casserole, puis laissez infuser

VERSEZ LA MOITIÉ DU LAIT INFUSÉ SUR LES ŒUFS BATTUS ET FOUETTEZ DE NOUVEAU.

Placez l'ensemble dans la casserole sur feu doux

1 cuillerée à café rase d'agar-agar

Mélangez sans arrêt, puis retirez dès que la consistance devient ferme

Hors du feu, ajoutez 1 verre de crème fraîche

Versez dans des verrines que vous placerez au frais

FAITES-EN…

UN PURIFICATEUR D'EAU

Plusieurs solutions naturelles existent pour « purifer » l'eau. En voici une nouvelle qu'il faudrait tester en laboratoire.

1 cuillerée à café de marc de café séché

Versez dans 1 verre d'eau

LAISSEZ REPOSER.

VOUS POUVEZ BOIRE OU UTILISER L'EAU, ELLE SERA NETTOYÉE DES MÉTAUX LOURDS.

POTABLE OU NON ?

Vous trouverez les analyses de l'eau de votre département ou de votre commune sur le site de l'Agence régionale de santé. En cas d'erreur 404, consultez votre facture d'eau. Elle ne buggue pas.

ALGUES OU ARGILE

La chitine (voir p. 52), le charbon résiduel des cendres (voir p. 96), les algues (kombu…) et l'argile sont également des chélateurs : ils fixent les métaux lourds. Une lame de kombu dans votre carafe d'eau ou 1 cuillerée à café d'argile vous rendront le même service que le marc de café.

MARC DU PLOMB ?

Le marc de café est un substitut aux charbons actifs pour dépolluer les eaux et semble plus efficace[10] que les charbons. Plus il y a de marc, plus les métaux lourds seront absorbés. Mais une question reste en suspens : que faire du marc plombé ?

CONSERVATION
UNE JOURNÉE
AU FRAIS

FAITES-EN...

UN GEL DOUCHE TONIQUE

Que vous fassiez ou non vos cosmétiques, qu'ils soient liquides ou solides, vous avez tout à y gagner en ajoutant du marc de café.

Votre gel douche liquide

+

1 cuillerée à café de marc de café séché

SECOUEZ AVANT D'UTILISER.

MICROBILLES ET TANINS

L'un des tanins du marc (la catéchine) possède une action complémentaire à la vitamine C[11]. Si on ajoute à cela que le marc de café remplace avantageusement les microbilles présentes dans certains gels douche, tout en dépolluant les eaux à leur passage[12], on obtient un produit de substitution remarquable !

METTEZ DU CAFÉ DANS VOS COSMÉTIQUES MAISON !

Déodorant
Shampoing
Gel douche
Gommage
Huile de massage...

LE CAFÉ CRÉE DU LIEN

Si vous faites vos cosmétiques liquides, vous connaissez le verbe « déphaser » : la partie grasse nage au-dessus de l'eau. Il faut souvent remuer. Ajoutez 1 cuillerée de marc de café dans votre préparation liquide, en plus de nourrir votre peau, les grains servent d'émulsifiant.

CONSERVATION
LA DURÉE
DE VOTRE FLACON

FAITES-EN…

UN SHAMPOING NOURRISSANT

Pur ou mélangé avec son shampoing ou du bicarbonate de soude, le marc de café est épatant sur le cuir chevelu. Rassurez-vous, nos cheveux ne vont pas tous virer couleur café.

Votre shampoing liquide

+

x1

1 cuillerée à café de marc de café séché

SECOUEZ AVANT D'UTILISER.

SEC OU HUMIDE ?

Mélangez moitié bicarbonate et moitié marc de café pour obtenir un shampoing sec ou ajoutez de l'eau pour la version mouillée. C'est aussi simple que ça.

« EUH… T'AS DU CAFÉ DANS LES CHEVEUX ! »

J'ai testé le marc de café en shampoing sec sur les cheveux. Le résultat est impressionnant, il faut laisser passer la sensation de cheveux gras. On dirait que les cheveux tiennent mieux. Il reste des grains sur le cuir chevelu malgré un bon rinçage. Habillez-vous en sombre de préférence !

« Depuis plus de quinze ans, j'ai à côté de mon évier un bol de marc de café et je me rince les mains avec pour retirer mes peaux mortes. »

Marina

CONSERVATION
LA DURÉE
DE VOTRE FLACON

FAITES-EN…

UN GOMMAGE

Vous buvez du café ? Quelle bonne idée. Récupérez chez vous ou ailleurs le marc qui, lui aussi, gommera votre fatigue. Après la caféine, le gommage bonne mine, version paresseuse.

1 cuillerée à soupe de marc de café séché

+

1 cuillerée à soupe d'eau

Versez dans un flacon

MÉLANGEZ DOUCEMENT POUR OBTENIR UNE CONSISTANCE ÉPAISSE.

ASTUCE HIVERNALE
L'hiver, faites sécher vos épluchures d'agrumes. Réduisez-les en poudre au mixeur et ajoutez-les dans vos gommages au marc de café.

MODE D'EMPLOI
Sur peau mouillée, massez de façon circulaire. Rincez. Simple et efficace !

ON RÉCUPÈRE…
Un distributeur-poudreur d'épices format géant de préférence pour y verser moitié bicarbonate et moitié marc de café sec. Secouez et versez au creux de votre main sous la douche pour un gommage encore plus efficace. Le bicarbonate de soude bloque les virus et les bactéries, tout en nettoyant en profondeur.

CONSERVATION 1 SEMAINE AU RÉFRIGÉRATEUR

ON RÉCUPÈRE...

Les distributeurs à épices pour y verser le marc de café bien séché. Vous l'aurez sous la main dans la douche.

PAS LA PEINE D'EN RAJOUTER !

Inutile d'ajouter de l'huile dans votre gommage : le marc est déjà riche naturellement en lipides.

LA FATIGUE SE LIT SOUS VOS YEUX ?

Massez-vous le visage avec ce marc, les cernes dues au manque de circulation sanguine disparaîtront.

« CHÉRI-E ? TU AS ENCORE FAIT TON GOMMAGE AVEC DU MARC ? »

Pour éviter des grains dans toute la douche, faites votre soin sur peau mouillée, puis savonnez-vous et rincez... aussi la douche !

DE L'ÉTHIQUE DANS LES COSMÉTIQUES

Pas d'aliment sur la peau : c'est mon crédo par respect pour celles et ceux qui ne mangent pas encore à leur faim.

BEURK, C'EST TOUT MOISI...

Le marc humide a la fâcheuse habitude de moisir rapidement s'il n'est pas correctement séché. Laissez-le sécher sur une source de chaleur (radiateur, poêle, four éteint après la cuisson d'un plat) et touchez-le avant de le mettre en pot.

FAITES-EN...

UNE TEINTURE TEXTILE

Teindre un vêtement avec du marc de café est-ce vraiment possible ?
La seule façon de le savoir c'est encore d'essayer. Ce que j'ai fait avec plusieurs tests.

3 litres d'eau

Versez dans 1 casserole, portez à ébullition

+

6 cuillerées à soupe de marc de café séché

LAISSEZ SUR LE FEU 5 MINUTES ENVIRON PUIS ÉTEIGNEZ.

Placez votre vêtement à teindre dans le récipien, remuez

LAISSEZ REPOSER PENDANT 15 MINUTES.
RINCEZ. FAITES SÉCHER VOTRE VÊTEMENT.

MARRON CLAIR OU FONCÉ ?

Cette recette permet de colorer légèrement en marron un vêtement en coton blanc. Pratique si on veut dissimuler quelques taches, mais évitez ensuite de laver au-dessus de 30 °C, sauf si vous souhaitez le retrouver... blanc !

SEL OU VINAIGRE ?

Ni l'un ni l'autre. Les essais que j'ai réalisés ne m'ont pas convaincue. La teinture n'accroche pas mieux avec du sel (10 cuillerées à soupe de sel), ni avec du vinaigre (1 verre de vinaigre pour 1 litre d'eau). Tentez votre chance et partagez votre expérience.

FAITES-EN...

UN ENTRETIEN DES TUYAUX

Des p'tits grains, des p'tits grains, encore des p'tits grains. Comme dans la chanson, ce sont encore et toujours les p'tits grains du marc de café qui peuvent rendre de nombreux services.

2 cuillerées à soupe de marc de café séché

SAUPOUDREZ LE MARC DE CAFÉ SUR L'ENDROIT À DÉBOUCHER.

Versez 1 litre d'eau très chaude dessus

FAITES-EN...

UNE POUDRE VAISSELLE

Le marc de café nettoie, dégraisse et désodorise. Que des bonnes nouvelles pour la vaisselle. Un seul inconvénient, il faut rincer longtemps l'évier, sauf si on accepte les grains du marc au fond.

Du marc de café séché

Versez sur une éponge

Frottez votre vaisselle. Rincez.

CAFÉ BRÛLANT !

Faites brûler du marc de café disposé dans une coupelle ou ajouté dans une bougie. La fumée dégagée semble éloigner les moustiques.

FAITES-EN…

UNE TEINTURE POUR BOIS

Préparer une teinture naturelle sur du bois brut, c'est simple !

1 cuillerée à soupe
de marc de café séché

+

2 verres d'alcool fort
(gin ou autre)

Versez dans une grande
casserole. Portez à ébullition
1 ou 2 minutes en surveillant

ÉTEIGNEZ, PUIS LAISSEZ INFUSER
1 HEURE OU PLUS.

+

1 cuillerée à soupe d'huile
végétale

Badigeonnez le bois brut
au pinceau.

DU MARC EN TERRE

Buvez du café ou récupérez du marc ailleurs, mais surtout faites-le sécher ! Le marc frais trouve sa place au compost, mais pas au pied des plantes qu'il peut intoxiquer. Il semble même posséder des propriétés insecticides puissantes[13]. Bien sec, le marc peut être ajouté au terreau de plantation dans une proportion de 10 à 30 % environ.

LA VERSION SOBRE

Diluez 1 cuillerée à café de marc dans 1 verre d'eau, ajoutez 1 verre de vinaigre blanc. Laissez infuser à froid.

FAITES-EN…

DES ALLUME-FEU MAISON

Inutile d'acheter des allume-feu, même écologiques. Ces recettes brûlent bien (voir aussi p. 49), j'ai même pris du plaisir à les faire !

Du papier journal

Découper le papier journal en bandes larges

Des moules à gâteaux de très petit format ou des boîtes à œufs

TAPISSEZ CHAQUE MOULE OU LES ALCÔVES DE LA BOÎTE À ŒUFS GÉNÉREUSEMENT AVEC LE PAPIER JOURNAL (PLUSIEURS ÉPAISSEURS) QUI DOIT LARGEMENT DÉPASSER

Du marc café séché ou des peaux d'orange séchées

REMPLISSEZ LES MOULES ET/OU LES ALCÔVES AVEC LE MARC DE CAFÉ SÉCHÉ.

Une bougie ou de la cire d'abeille

Faites fondre dans une casserole

VERSEZ LA CIRE DANS CHAQUE ALCÔVE OU CHAQUE MOULE. LAISSEZ REFROIDIR. ENTREPOSEZ AU SEC.

UTILISATION

Allumez le papier journal en premier, directement dans le foyer, avec prudence.

RÉDUIRE L'ARDEUR

On ramène les cendres froides sur le centre du feu pour l'étouffer ou réduire les flammes. Réflexe de campement.

DE MÈCHE AVEC LES DÉCHETS

Le papier journal sert de mèche, la cire de combustible, le café et/ou les peaux d'orange entretiennent la combustion. Ces petits allume-feu maison sont remarquables !

FAITES-EN…

UNE POUDRE ANTIPUCES

Tout comme le bicarbonate de soude, le marc de café ne présente aucune toxicité pour votre animal. C'est une bonne raison pour essayer…

Marc de café séché

LAVEZ VOTRE ANIMAL À POILS PUIS, FROTTEZ-LE AVEC DU MARC DE CAFÉ SEC.

FAITES PÉNÉTRER DANS LA FOURRURE ET LAISSEZ AGIR QUELQUES MINUTES. ÉVENTUELLEMENT RINCEZ.

ON ESSAYE ENCORE ?

Saupoudrer des cendres filtrées éloigne les tiques et les puces.

« LES VACHES MANGENT DU CAFÉ ? »

Des résultats encourageants[14] ont été obtenus à des dosages de 5 ou 10 % de marc dans la ration céréalière de vaches laitières (gain de poids, diminution de la consommation, de la production de gaz…). Ce pourcentage semble le plus adapté auprès de différents animaux.

ET SI ON AJOUTAIT DES PROTÉINES DANS LEUR PÂTÉE ?

Lire la composition de la nourriture animale au dos des paquets donne le tournis. On découvre un taux très bas de protéines dans les croquettes. Quant à leur origine, parfois il vaut mieux ne pas savoir. Et dire qu'on dispose de protéines végétales chez soi… Ajoutez 1 cuillerée à café de marc de café séché dans la pâtée et mélangez intimement.

> « *Une récupération spécifique du marc de café aurait-elle une plus-value pour la communauté ?* »
>
> *Francky Carassou*[15]

FAITES-EN…

UN ANTICAFARDS

N'ayant pas de cafards chez moi, je ne peux pas attester de l'efficacité de cette recette

4 cuillerées à soupe de marc de café séché

\+

1 entonnoir

Versez dans 1 bouteille en verre à col étroit (style petite bouteille de bière)

\+

1 cuillerée à soupe d'eau

METTEZ EN PLACE DANS LA PIÈCE OÙ VOUS PENSEZ AVOIR DES CAFARDS.

KESKISSEPASS ?

L'arôme du café attire les cafards qui tomberont dans la bouteille. C'est pourquoi il faut réhydrater la poudre et choisir des goulots très étroits.

« AÏE, ILS SONT VENUS ET ILS SONT REPARTIS ! »

Munissez-vous de ruban adhésif double-face que vous collerez sur le bord du goulot ou laissez juste une fente d'entrée avec du ruban adhésif simple, les sportifs resteront collés en remontant. Si ça marche bien, optez pour un pot en verre bas à large ouverture.

« ET MAINTENANT J'EN FAIS QUOI ? »

Vos cafards peuvent nourrir votre compost, après tout, ce sont des protéines. À moins que vous ne décidiez de les faire sauter à la poêle. C'est tendance, en Chine, où ils sont élevés par milliards (vous avez bien lu) dans la province du Sichuan. Personnellement, je préfère la cuisine aux algues !

PIÈGE PLUS FORT ENCORE

Ajoutez 2 gouttes d'huile essentielle citronnée d'eucalyptus dans chaque piège. Ils adorent ça, semble-t-il.

LE MARC DE THÉ

Boisson la plus consommée dans le monde après l'eau, le thé apporte de nombreux bienfaits pour la santé (prévention des maladies cardiovasculaires, des cancers, du diabète, de l'ostéoporose, des infections virales et bactériennes[16]), pourvu qu'on le choisisse biologique ou de bonne qualité (haut de gamme).

POURQUOI GARDER LE MARC DE THÉ ?

Infusé quelques minutes seulement, le thé conserve de nombreuses propriétés. Il contient encore des pigments, 15 % de protéines, des antioxydants, des sucres composés, des minéraux (magnésium, manganèse, fluor, aluminium, sodium, phosphore, potassium, soufre…), des vitamines E (liposolubles, elles ne sont pas parties dans l'eau de l'infusion)[17]…

Si vous aimez le thé vert et si vous le préférez clair (infusé moins de 2 minutes), c'est encore mieux : de nombreux antioxydants resteront disponibles dans le marc.

QUE PEUT-ON EN FAIRE ?

Les nutriments qui restent sont bénéfiques en infusion dans les cosmétiques ; séché ou en infusion, en cuisine, dans de nombreuses préparations, et bien sûr, au jardin.

On peut aussi choisir tout simplement de le réinfuser, en réinventant une méthode traditionnelle chinoise où les feuilles peuvent infuser dix fois de suite. On y perd des antioxydants, de l'équilibre en saveurs, mais on y gagne en déchets et en économie ménagère. Ce n'est pas si mal…

CUISINER

« Au Japon, il est extrêmement malpoli de laisser du riz dans le fond de son bol, car on dit que chaque grain peut en donner mille autres. Il ne faut donc en gaspiller aucun[18]. »

L'ochazuke ou chazuke est un plat zéro gaspillage avant l'heure, comme dans toutes les traditions populaires. Un thé (ocha) vient détremper (zuke) du riz garni d'algues, de légumes, de poisson… le tout coupé en fines lamelles. On verse le thé (infusé une seconde fois, par exemple) dans le bol de riz que l'on déguste avec des baguettes ou à la cuillère (ce qui n'est pas japonais du tout) avec ou sans bruits d'aspiration. Voilà comment ne pas perdre un seul grain de riz. On en prend de la graine !

PÂTISSER

Laissez infuser vos feuilles de thé dans du beurre fondu (ou dans un liquide qui vous servira à pâtisser). Préparez ensuite vos muffins, vos cakes, vos glaces et sorbets avec cette délicieuse saveur apportée par vos feuilles de thé. Faites sécher vos feuilles après infusion et conservez-les dans un bocal pour les avoir toujours sous la main.

LES SAVEURS DU THÉ

Les différentes variétés de thé libèrent de nombreux arômes qui proviennent de la multitude des acides contenus dans les feuilles de thé (acides aminés, acides citriques, galliques, oxaliques, maliques…).

FAITES-EN…

UN DENTIFRICE ZÉRO CARIE

Selon un dicton japonais, « boire du thé rend la bouche propre ». Il semblerait que les tanins du thé (les catéchines) empêchent le développement des bactéries responsables des caries (Streptococcus mutans) et sa fixation sur l'émail[19]*. Conservez le thé que vous n'avez pas bu*

1 cuillerée à café de bicarbonate de soude

+

5 cuillerées à soupe d'argile

+

Un peu de marc de thé

1 goutte d'huile essentielle de citron ou de menthe

MÉLANGEZ L'ENSEMBLE POUR OBTENIR UNE PÂTE LIQUIDE OU ÉPAISSE.

Versez dans un pot type distributeur à miel nettoyé pour une pâte liquide

OU

Versez dans un pot hermétique pour une pâte plus épaisse

DEVENONS THÉ-O-PHILES

Les tanins du thé possèdent de nombreuses actions bénéfiques sur la sphère bucco-dentaire. Ils réduisent la fabrication de sucres par la salive et freinent la déminéralisation de l'émail[20]. Le thé vert semble avoir une action plus puissante que les autres thés.

CONSERVATION QUELQUES SEMAINES DANS UN POT HERMÉTIQUE

FAITES-EN...

UNE LOTION BEAU-THÉ

Vert, noir ou blanc, le thé possède de nombreuses vertus pour la santé. Infusées quelques minutes à peine, les feuilles contiennent de nombreux antioxydants et des protéines dont la peau a besoin.

1 jus de citron

Versez dans un récipient (verre, coupelle...)

+

Du thé déjà infusé (sachet utilisé ou marc)

METTEZ AU FRAIS

+

1 lingette en coton

HUMIDIFIEZ LA LINGETTE AVEC CE THÉ AU CITRON ET APPLIQUEZ-LA SUR VOTRE VISAGE.

CONSERVATION QUELQUES JOURS AU FRAIS

GARE AU FLUOR

Les racines des théiers captent facilement le fluor qui se concentre dans les feuilles, parfois en quantité excessive. Le thé est de loin l'aliment le plus riche en fluorures[21]. Raison pour laquelle il faut l'acheter biologique et de bonne qualité. On ne lésine pas avec ça.

FAITES-EN…

UNE POTION ANTICERNES

L'hiver, le travail, la famille… tout est sujet à la fatigue. À partir d'un certain âge (que je connais), la fatigue se voit sur nos visages. Inutile de le nier. Mais on peut y remédier, surtout s'il nous reste du thé…

1 tasse de thé froid

+

2 lingettes en coton

+

TREMPEZ LES LINGETTES DANS LE LIQUIDE FROID. APPLIQUEZ-LES 10 MINUTES SUR VOS YEUX. RECOMMENCEZ ÉVENTUELLEMENT L'OPÉRATION.

LA COULEUR DES LUNES

Caféine et théine réduisent les inflammations et améliorent la circulation sanguine. Les petites lunes bleues sous les yeux reprendront leur couleur naturelle.

VOUS ÊTES PLUTÔT CAFÉ ?

Pas de souci, vous pouvez remplacer la tasse de thé par une de café. Vous obtiendrez le même effet !

TOUTE OUÏE

Profitez-en pour écouter un podcast comme Présages ou La poudre[22]

ON RÉCUPÈRE…

Les sachets de thé infusé que l'on réhydrate dans le mélange ci-dessus. Utilisez-les directement à la place des lingettes.

CONSERVATION
QUELQUES JOURS AU FRAIS

FAITES-EN…

UNE LOTION APAISANTE POUR LES PIQÛRES D'INSECTES

L'été est revenu et avec lui les dîners dehors entre amis. Mais vous n'étiez pas seuls, les moustiques vous attendaient. Si vous êtes amateur-trice de thé, la solution est sous votre main. Vous reprendrez bien une tasse de thé ?

Du thé froid

+

1 lingette en coton

IMBIBEZ UNE LINGETTE AVEC DU THÉ FROID ET TAMPONNEZ SUR LA OU LES PIQÛRES.

ON RÉCUPÈRE…

Les sachets de thé contre les piqûres d'insectes.

LE SOLEIL DONNE…

Des coups de soleil qui, eux aussi, peuvent être soulagés avec du thé froid grâce à ses vertus apaisantes et décongestionnantes.

CONSERVATION QUELQUES JOURS AU FRAIS

FAITES-EN…

UN PARFUM D'INTÉRIEUR

Certes, on peut aérer complètement une pièce en ouvrant dix minutes par jour les fenêtres. Mais faire des bougies de récupération qui parfument, cela peut être agréable, surtout quand tout est naturel.

1 petite boîte de conserve

+

1 mèche (bande de papier somalin enroulée, voir p. 25)

+

1 pince à linge

CALEZ LA MÈCHE AU MILIEU DE LA BOÎTE EN LA MAINTENANT AVEC LA PINCE À LINGE.

+

1 cuillerée à café de thé parfumé infusé séché

VERSEZ LE THÉ INFUSÉ AU FOND DE LA BOÎTE

L'équivalent de 1 verre de cire

Versez dans une casserole

FAIRE FONDRE LA CIRE. VERSEZ DÉLICATEMENT DANS LA BOÎTE. LAISSEZ REFROIDIR QUELQUES HEURES.
ALLUMEZ LA MÈCHE.

ON RÉCUPÈRE…

Les feuilles de thé parfumé ou le marc de café (encore lui) que l'on met dans une coupelle ou dans un collant que l'on suspend pour désodoriser.

FAITES-EN…

UNE POUDRE DÉSODORISANTE

Bicarbonate, vinaigre ou autres solutions pour capter les odeurs acides du frigo, nous avons le choix. Testez celle-ci, aussi naturelle que les autres.

Des feuilles de thé infusé séchées

\+

1 bocal en verre

Placez le bocal ouvert au fond du réfrigérateur

FAITES-EN…

DES SACHETS DÉSODORISANTS

Si vous êtes thé ou infusion du soir ou de la journée, apprenez à conserver vos sachets qui serviront plusieurs fois.

2 sachets de thé ou d'infusion séchés

\+

Des chaussures

PLACEZ UN SACHET DE THÉ SÉCHÉ DANS CHAQUE CHAUSSURE. LAISSEZ AGIR LA NUIT.

LE NEZ DU THÉ

Les feuilles de thé absorbent les odeurs. Mises en sachet, elles sont pratiques d'utilisation.

FAITES-EN...

UN SOIN POUR PLANTES

Même infusées, les feuilles de thé possèdent encore des nutriments : protéines, antioxydants, sucres et nombreux minéraux. Faites-en profiter vos plantes...

Des feuilles de thé ou des sachets infusés

\+

Des plantes

Déposez des feuilles de thé dans vos plantes, elles les nourriront et retiendront l'eau lors des arrosages.

TERRE ET THÉ ?

Conservez vos feuilles de thé infusées, séchez-les et gardez-les en bocaux. Vous pourrez les utiliser au jardin, sur votre terrasse ou sur le balcon. Plongez quelques feuilles dans un arrosoir rempli d'eau, laissez... infuser et versez pour nourrir vos plantes. Ajoutez-en à votre terreau (1 cuillerée à café pour l'équivalent d'un pot) pour vos semis.

LE PAIN SEC ET RASSIS

Le bon pain reste bon, même rassis, même dur. Raison de plus pour le garder. Il se conserve mieux en miche, mot qui revient à la mode comme ces bons gros pains serrés au goût puissant.

LE PAIN RASSIS

Encore mou, il se transforme – on s'en doute – en pain perdu, mais aussi en croque-monsieur, madame, en gratin ou encore en gâteau type pudding maison. On peut plus simplement le réhumidifier et le faire chauffer légèrement au four pour obtenir… du pain frais, qui ne dure que quelques heures. C'est déjà pas si mal.

LE PAIN SEC

Il se réduit en chapelure avec un rouleau à pâtisserie ou un bon blender. On le conserve dans une boîte hermétique ou un bocal. Il s'utilise alors en chapelure, sur un gratin, en crumble salé ou même sucré. Mais le plus intéressant est de considérer la chapelure comme de la farine. Ce que font d'ailleurs quelques boulangers. Ils recyclent leurs pains de la veille en les transformant en chapelure qu'ils incorporent pour moitié à leurs nouveaux pains. Le pain Phénix (cela ne s'invente pas !) est plus digeste et se conserve mieux que les pains traditionnels. Être au pain sec et à l'eau ne sera donc plus une punition.

FAITES-EN...

UNE CHAPELURE MAISON

Jeter le pain est une mauvaise habitude qui a été prise au cours de ces cinquante dernières années. Auparavant, le pain, nourriture sacrée était recyclé naturellement. Redécouvrons cette pratique campagnarde et ouvrière.

Des restes de baguette ou de pain secs

\+

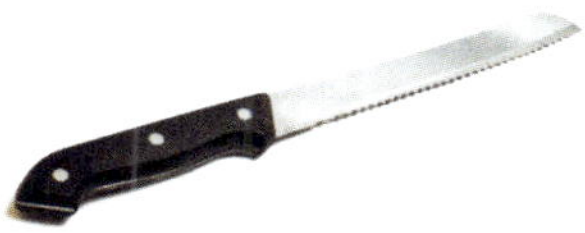

1 couteau à pain

COUPEZ LE PAIN EN PETITS MORCEAUX.

\+

1 blender

METTEZ QUELQUES MORCEAUX DANS UN BLENDER PUISSANT ; RÉGLEZ L'APPAREIL SUR LA PLUS PETITE VITESSE. AJOUTEZ LES MORCEAUX RESTANTS PETIT À PETIT.

Conservez la chapelure maison dans un bocal hermétique

CRAQUE ET CROQUES

Pas besoin de pain de mie frais pour faire de bons croque-monsieur, laissez tremper vos tranches de pain de mie rassis dans un mélange de lait ou de boisson végétale et d'œuf battu.

ON S'EN PAYE UNE TRANCHE ?

Découpez le pain rassis en tranches, faites-les griller et frottez-les à l'ail. Servez-les tartinées de tapenade, de tartare d'algues, d'houmous ou de tout ce qui plaira à vos invité-e-s.

MODE D'EMPLOI

Cette chapelure s'utilise pour paner des aliments (poisson...). On roule les aliments dans une assiette de farine, puis dans un œuf battu, puis dans la chapelure. Il ne reste qu'à les frire à la poêle avec un peu d'huile. Utilisez également cette chapelure en farine dans vos préparations (100 g de chapelure pour 100 g de farine).

FAITES-EN...

DES PAINS-CAKES SALÉS

Pour remplacer les crêpes du dimanche, découvrez la version zéro déchet du brunch. Ou comment recycler du pain en se léchant les babines.

3 œufs

+

2 verres de lait

+

1 pincée de bicarbonate de soude

+

Sel, poivre

Battez le tout dans un saladier

+

1 baguette de pain dur

FAITES TREMPER LE PAIN DANS CE MÉLANGE. QUAND LE PAIN EST MOU, VERSEZ LE LIQUIDE ET LE PAIN MOU DANS LE BLENDER.

Mixez lentement jusqu'à l'obtention d'une pâte assez épaisse

Versez-la pâte dans un saladier

1 oignon finement coupé

Faites-le revenir à la poêle

+

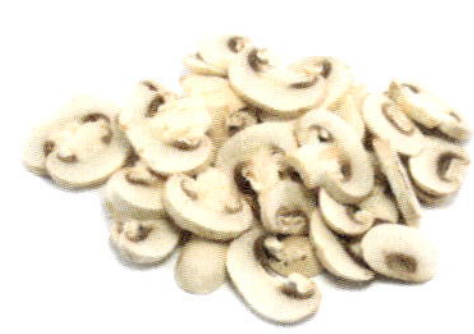

1 tasse de champignons finement coupés

LAISSEZ CUIRE LENTEMENT.
VERSEZ CETTE PRÉPARATION
DANS LA PREMIÈRE.

\+

1 tasse de fromage rapé

HUILEZ 2 POÊLES À BLINIS
OU À PANCAKES
(OU À DÉFAUT UNE PETITE POÊLE).

VERSEZ UNE PETITE LOUCHE
DE PRÉPARATION DANS
CHAQUE POÊLE.
FAITES DORER DE CHAQUE
CÔTÉ À FEU MOYEN.

> *“C’est délicieux ; c’est parfait pour l’apéritif.”*
>
> Maïwen

COMBIEN DE GALETTES ?

Cette préparation vous permet d’obtenir une vingtaine de petites galettes salées, excellentes à déguster avec de la salade ou en apéritif.

FAITES-EN…

DES PAINS-CAKES SUCRÉS

3 œufs

+

2 verres de lait

+

1 cuillerée à soupe de miel

1 verre de crème fraîche

+

1 pincée de bicarbonate de soude

Battez le tout dans un saladier

1 baguette de pain dur

FAITES TREMPER LE PAIN DANS CE MÉLANGE.

QUAND LE PAIN EST MOU, VERSEZ LE LIQUIDE ET LE PAIN MOU DANS LE BLENDER.

Mixez lentement jusqu'à l'obtention d'une pâte assez épaisse

Versez-la pâte dans un saladier

+

2 cuillerées à soupe de poudre d'amandes

Beurrez deux poêles à blinis ou à pancakes (ou à défaut une petite poêle).

VERSEZ UNE PETITE LOUCHE DE PRÉPARATION DANS CHAQUE POÊLE.

FAITES DORER DE CHAQUE CÔTÉ À FEU MOYEN.

COMBIEN DE GALETTES ?

Cette préparation vous permet d'obtenir une vingtaine de petites galettes délicieuses et très nourrissantes, je vous aurais prévenu-e…

GÂTEAU D'HIVER

Je ne résiste pas à l'envie de partager avec vous cette délicieuse recette sur l'espace qui me reste dans la page… Battez 3 œufs entiers, 1 cuillerée à soupe de sucre complet, 1 verre de lait, 1 cuillerée à café de bicarbonate de soude (qui servira de poudre levante) et 20 cl de crème fraîche. Ajoutez quelques tranches de pain dur coupées en morceaux. Passez au mixeur ou au blender quand le pain s'est ramolli. Versez dans un saladier et laissez-y gonfler une poignée de raisins secs et quatre ou cinq abricots tout aussi secs. À moins que vous ne préfériez y mettre quelques figues sèches coupées. Quand les fruits sont réhydratés, ajoutez éventuellement de la cannelle ou du gingembre et versez dans un moule à cake. Enfournez à 180 °C (th. 6) pendant 20 minutes au moins. Laissez refroidir et découpez en tranches. C'est un régal au petit déjeuner.

« ILS SONT MOCHES TES FRUITS ! »

Nettoyez vos fruits passés et ne vous vexez pas pour autant. Coupez-les en petits morceaux et ajoutez-les dans la pâte à pancakes. Même moches, ils feront des heureux-x-ses.

FAITES-EN…

DU PAIN PERDU

Recette classique s'il en est, le pain perdu de nos années d'enfance se retrouve aujourd'hui star de la cuisine zéro déchet. Comme quoi, tout peut arriver !

1 œuf

+

1 verre de lait

+

1 cuillerée à soupe de sucre complet

+

1 pincée de bicarbonate de soude

Mélangez les ingrédients dans une assiette creuse

4 tranches de pain dur ou rassis

TREMPEZ LES TRANCHES DE PAIN DANS L'ASSIETTE CREUSE. LAISSEZ IMBIBER PENDANT 15 MINUTES AU MOINS CHAQUE FACE. ÉGOUTTEZ DANS UNE AUTRE ASSIETTE.

+

Une poêle

Faites chauffer la poêle et placez 1 noix de beurre

QUAND LA POÊLE EST CHAUDE, PLACEZ LES TRANCHES DE PAIN DANS LE BEURRE FONDU. LAISSEZ DORER QUELQUES MINUTES À FEU DOUX. RETOURNEZ POUR FAIRE DORER L'AUTRE FACE.

MIAM MIAM

On y ajoute du rhum, de la cannelle ou de la vanille ou les deux pour parfumer le mélange.

N'ACHETEZ PLUS…

DES ASSOCIATIONS À RENCONTRER

Partout en France et ailleurs, des intermédiaires créent des liens entre commerçants et associations ou particuliers afin de redistribuer ou vendre à bas prix plutôt que de jeter. Cherchez les magasins Zéro-Gâchis (https://zero-gachis.com/), l'association Phenix dans votre région (https://wearephenix.com), nousantigaspi (https://www.nousantigaspi.com)… Localement, des associations transmettent la cuisine zéro déchet et de plus en plus de magasins proposent du vrac. Malgré tout, on vit une belle époque !

– **DE FRUITS ET DE LÉGUMES EMBALLÉS DANS DU PLASTIQUE**, préférez le vrac ou achetez sur les marchés ;
– **D'ALIMENTS SUREMBALLÉS** ;
– **DE FROMAGE EMBALLÉ**, préférez-le à la coupe ;
– **D'EAU EN BOUTEILLE**, l'eau est potable partout en Europe. Plus de 98,5 % des tests menés sur des échantillons d'eau potable respectent les normes européennes[23]. Pour purifier l'eau ou atténuer son goût ou son odeur, un peu de citron, d'argile ou du kombu (algue brune) feront l'affaire. Vous la payerez 120 fois moins chère que l'eau en bouteille.

FAITES-LES, LES RECETTES SONT DANS CE LIVRE !

Chapelure maison (voir p. 87)
Liquide lave-vaisselle (voir p. 100)
Poudre vaisselle (voir p. 73)
Crème à récurer (voir p. 101)
Papier Somalin, pour remplacer le papier aluminium et le film étirable (voir p. 25)
Nettoyant multi-usages (voir p. 57)
Purificateur d'eau (voir p. 67)
Entretien des tuyaux (voir p. 73)
Anticafards (voir p. 77)
Poudre désodorisante pour frigo (voir p. 84)

ON RÉCUPÈRE…

• Les coquilles Saint-Jacques vides pour y dresser des entrées ou même des desserts.
• Les coquilles d'œufs contiennent du calcium. On les plonge dans un vinaigre que l'on filtre ensuite. Le vinaigre dissout les coquilles, le calcium est disponible.
• Les bouchons en liège qui, découpés ou non, remplacent les poignées de couvercles (le liège ne laisse pas passer la chaleur). On peut donc s'en servir également pour déposer des plats chauds.

DANS LE SALON, LA CHAMBRE, LE BUREAU

LES CENDRES DE BOIS

Quelle richesse que ces belles cendres grises, chaudes ou froides, au petit matin. Elles ont tant de vertus qu'on les achètera un jour au kilo à prix d'or. En attendant ce funeste moment, réservez vos belles cendres dans un bac en acier, pourvu qu'elles proviennent de bois naturel non traité.

POURQUOI LES GARDER ?

Riches en éléments nutritifs, les cendres se composent principalement de calcium (de 20 à 50 %), de silice, de potassium, de magnésium et de phosphore, mais les nutriments varient selon le type de bois brûlé. On les conserve également pour leurs propriétés antibactériennes.

COMMENT LES UTILISER ?

Au jardin, les cendres sont un excellent engrais : leur indice de valeur agricole est supérieur à celui de la chaux, ce qui leur permet de la remplacer ainsi que les engrais phosphorés et potassiques. Elles servent de répulsif et sont utiles pour conserver les légumes. On retrouve des traces d'utilisation de cendres pour éloigner les rongeurs des cultures ou des maisons ou encore contre certains parasites (blattes, cafards...)[1]. Mais je n'ai pas trouvé des traces de leur efficacité prouvée. À nous de tester...

CENDRE ET LESSIVE

La lessive à la cendre ne nécessite aucun achat. En présence d'eau, le carbonate et l'hydroxyde de potassium des cendres se transforment en lessive de potasse aux propriétés décapantes, voire corrosives. On peut utiliser cette lessive dans son lave-vaisselle ou en nettoyant vaisselle, tout court.

DES SOINS À LA CENDRE ?

Une étude a montré l'activité antiseptique et antibactérienne des cendres de cocotier, comme remède traditionnel[2]. Utilisées comme substance hémostatique, les cendres sont efficaces pour les plaies superficielles, contre certaines maladies de la peau (cendres de genévrier[3]).

LE POINT DE VUE DU CHIMISTE

Il y a souvent confusion entre les cendres brutes et le « savon » qu'on peut éventuellement obtenir en saponifiant un corps gras (qui pouvait être de la graisse animale de mouton ou de bœuf) avec ces cendres. Les cendres de certaines algues, très sodées, étaient autrefois utilisées car elles comportent une grande proportion de carbonate et même peut-être d'oxyde (ou hydroxyde) de sodium, efficaces pour obtenir une réaction de saponification plus rapide.

Nicolas Palangié,
la Compagnie du Bicarbonate

FAITES-EN...

DE LA LESSIVE

Connues depuis l'Antiquité, les cendres et leurs vertus étaient là bien avant nous, elles le seront encore bien après nous...

50 g de cendres de bois tamisées

Versez dans une vieille casserole

+

1 litre d'eau (de pluie de préférence)

LAISSEZ DÉCANTER 2 JOURS AU MOINS EN REMUANT DE TEMPS EN TEMPS

Filtrez

Mettez en bidon

> ***Comme nous nous chauffons au bois, nous avons beaucoup de cendres. Donc l'idée de faire sa lessive à la cendre m'a bien plu. Parmi les différentes recettes trouvées, j'ai opté pour la plus simple : celle-ci.***

Joël

MODE D'EMPLOI

Versez l'équivalent d'un verre du liquide obtenu dans le compartiment lessive.

CONSERVATION PLUSIEURS MOIS

CHARBON

La boue grise qui stagne au fond de votre bassine est un bon engrais.

TAMISER COMBIEN ?

Récupérez les cendres de votre poêle ou cheminée et laissez-les refroidir. Tamisez-les pour enlever les gros résidus et débris qu'elles peuvent contenir. Tamisez-les une seconde fois avec un tamis plus petit pour obtenir une belle poudre grise qui se conserve très longtemps, au sec dans un bol hermétique.

MOINS DE POUSSIÈRE

Versez lentement l'eau sur les cendres sous peine d'être enveloppé d'un nuage de poussières grises. Évitez de vous habiller en couleur claire et mettez-vous de préférence dehors.

ESSENTIEL, LE PARFUM ?

Ajoutez quelques gouttes d'huile essentielle de lavande, de romarin ou de mandarine… bref faites-vous plaisir. Si c'était marrant de faire la lessive, cela se saurait depuis longtemps.

PAS DE FER BLANC

Veillez à ne pas faire votre lessive dans un récipient en fer blanc : le mélange eau + cendres est corrosif, il troue le métal !

LA FLEMME DE TAMISER ?

Écumez les morceaux de charbon de bois qui flottent à la surface de votre préparation. Puis filtrez une ou deux fois après macération pour obtenir la lessive liquide.

ON RÉCUPÈRE…

Les cagettes alimentaires en plastique qui font de bons tamis.

PROVENANCE

La cendre de bois doit provenir d'un bois naturel, non peint et non vernis. Elle doit rester au sec avant son utilisation.

ON RÉCUPÈRE…

Les vieilles casseroles, les vieux faitouts. Personnellement, je garde la cendre dans une ancienne Cocotte-Minute avant de la tamiser.

FAITES-EN…

DU LIQUIDE LAVE-VAISSELLE

Lessive, savon, liquide vaisselle : on peut décidément faire beaucoup de choses avec les cendres. De quoi donner envie d'habiter à la campagne ou simplement d'avoir une cheminée ou un poêle…

2 verres de cendres tamisées

Versez dans une casserole

+

Portez 1 litre d'eau à ébullition

VERSEZ L'EAU BOUILLANTE SUR LES CENDRES. LAISSEZ REPOSER UNE JOURNÉE EN REMUANT DE TEMPS EN TEMPS.

Filtrez avec une passoire fine

Mettez en bouteille à l'aide d'un entonnoir

« DIS DONC, TON TRUC, IL LAVE PAS BIEN LES VERRES ! »

Avec ce liquide pur, un voile blanc reste sur les verres. Ce n'est pas de la graisse, mais vraisemblablement du calcaire. On peut ajouter du vinaigre dans le bac de rinçage ou/et du bicarbonate de soude. Si les verres ne sont pas aussi cristallins que vous le souhaitez (si vous êtes exigeant-e), alors il vous reste un produit à prendre : l'huile de coude et un torchon de cuisine bien sec !

MODE D'EMPLOI

Utilisez le liquide visqueux obtenu dans le bac de votre lave-vaisselle.

CONSERVATION QUELQUES MOIS À CHALEUR AMBIANTE

ELLE POTASSE

Laisser reposer au moins une journée complète le liquide permet l'extraction de la potasse. C'est un tensio-actif naturel aux vertus nettoyantes. Le liquide obtenu doit être un peu doré et savonneux au toucher.

FAITES-EN...

UN NETTOYANT POUR CASSEROLE BRÛLÉE

Si vous n'avez ni percarbonate, ni bicarbonate (ce qui serait un comble), alors ayez toujours des cendres sous la main. Vous en aurez besoin en cuisine.

2 cuillerées à soupe de cendres tamisées

+

2 verres d'eau

Versez dans une casserole avec un fond brûlé

Faites bouillir.

C'EST TOUT, LE FOND BRÛLÉ SE DÉCOLLE DE LUI-MÊME. VERSEZ LA PRÉPARATION FROIDE AU COMPOST.

LE POINT DE VUE DU CHIMISTE

« La cendre est composée d'oxydes (de calcium, de magnésium, de potassium et d'autres oxydes métalliques). C'est une base "forte" et elle est corrosive. Les cendres sont intéressantes pour remplacer les cristaux de soude, par exemple, mais en aucun cas pour les soins corporels. »

Nicolas Palangié, la Compagnie du Bicarbonate

FAITES-EN…

UN NETTOYANT VITRES ET INSERTS

Connue depuis longtemps, la recette avec les cendres mérite d'être partagée.

Formez une boule compacte et assez grosse avec le papier journal en le froissant

+

1 bol d'eau froide

+

HUMIDIFIEZ-LE LÉGÈREMENT EN LE TREMPANT À PEINE DANS LE BOL.

Trempez-le franchement dans les cendres tamisées

FROTTEZ LA VITRE DE L'INSERT OU DU POÊLE AVEC CE MÉLANGE.

ON RÉCUPÈRE…

Les éponges abîmées pour s'en servir dans la cendre.

« MIROIR, MON BEAU MIROIR »

Cette recette permet de nettoyer les miroirs et même les vitres, à condition de sécher ensuite avec un chiffon microfibres. À moins que les traces grasses ne vous gênent pas…

> ***« Moi, je nettoie la vitre de mon poêle à bois avec du papier journal froissé sec et de la cendre tous les jours. »***
>
> *Odile*

AUSSI POUR LE FOUR !

Votre vitre de four s'encrasse ? Essayez la cendre, ça marche de la même manière…

TAMISÉE D'AVANCE

Il ne faut évidemment ni morceaux de charbon de bois, ni agrafes, ni morceau de ferraille dans les cendres pour ne pas rayer les vitres. Personnellement, je garde les cendres tamisées dans un grand bocal à portée de main.

FAITES-EN…

UN NETTOYANT POUR MÉTAUX

La cendre humide permet de nettoyer de nombreuses surfaces, même les métaux.

1 éponge

\+

De l'eau

\+

1 verre de cendres tamisées

TREMPEZ L'ÉPONGE DANS L'EAU, PUIS TAMPONNEZ-LA SUR LA CENDRE TAMISÉE.
FROTTEZ LE MÉTAL EN INSISTANT SUR LES TACHES.
RINCEZ À L'EAU CLAIRE.

Faites briller avec un chiffon sec.

CENDRES ET CENDRILLON

Le terme « potasse » vient de l'anglais *pot ashes* signifiant littéralement « cendres du pot » en référence aux cendres du foyer qui étaient récupérées pour faire la lessive.

REMARQUE

Attention aux rainures et aux métaux gravés. La cendre mouillée dépose une pellicule noire qu'il faut retirer en rinçant bien.

ON RÉCUPÈRE…

Les brosses à dent pour frotter dans les interstices.

FAITES-EN…

DU SAVON À L'ARGILE

Des cendres, de l'eau, de l'argile… quoi de plus facile à récupérer. L'autonomie est là, elle nous tend les mains, qu'on peut d'ailleurs se laver avec ce savon naturel.

Liquide vaisselle à la cendre
(voir p. 100)

LAISSEZ ÉVAPORER LE LIQUIDE VAISSELLE JUSQU'À CE QU'IL AIT UNE CONSISTANCE MOLLE (PLUSIEURS MOIS SONT POSSIBLES).

MÉLANGEZ-LE AVEC UN TIERS ENVIRON D'ARGILE VERTE POUR FORMER UNE PÂTE PLUS CONSISTANTE.

\+  x2

Ajoutez éventuellement 2 gouttes d'huile essentielle (citron, menthe…)

LAISSEZ SÉCHER LE SAVON JUSQU'AU DURCISSEMENT.

> ***« Les savons sont fabriqués depuis au moins les Gaulois, par traitement de graisse par de la cendre de bois. Le chimiste français Michel Eugène Chevreul a expliqué le procédé, et montré en 1823 que la potasse (KOH) présente dans la cendre « saponifiait » les graisses. »***

« Les tensioactifs », document préparé par Hervé This le 27 décembre 2010

CONSERVATION
PLUSIEURS MOIS À CHALEUR AMBIANTE

UTILISATIONS

Ce savon s'utilise plutôt en cuisine, au jardin ou au garage pour se laver les mains.

LA CENDRE AU JARDIN

UN AJOUT ALCALIN

Le pH de la cendre étant très élevé (entre 10 et 13), on recommande son épandage au printemps ou en automne, sur des sols ayant un pH inférieur à 7, à raison de 150 g/m^2 et par an[4] et de préférence en association avec du compost. On ajoutera des cendres à la terre destinée aux betteraves, aux haricots, aux pommes de terre, aux céréales et au pied des rosiers, gourmands en potasse. Les fraisiers feront plus de fleurs donc de fruits si on ajoute la cendre au moment de leur plantation. On l'évite sur les semis et sur les plantes qui aiment la terre acide (terre de bruyère). Dépourvues d'azote, les cendres de bois se marient donc parfaitement avec nos chères algues vertes, pourvoyeuses d'azote, ou encore avec la luzerne ou le trèfle. On peut arroser les massifs de fleurs et rosiers avec un arrosoir dans lequel on a laissé macérer une poignée de cendres toute une journée, l'eau sera riche en potasse, utile au jardin.

DE LA TERRA PRETA

Faites vous-même votre « terre noire » au jardin en ajoutant du charbon résiduel émietté ou en poudre, dans votre terre. Vous n'en mettrez jamais trop.

UN PANSEMENT VÉGÉTAL

Saupoudré sur les plaies des végétaux (division et arrachages des plantes, taille...), le charbon résiduel (issu des cendres) aide à la cicatrisation. Bactéries et champignons ne pourront pas s'y développer.

UN CONSERVATEUR DE LÉGUMES

S'il le fallait, nous pourrions conserver nos légumes dans un grand récipient rempli de cendres ou dans un vaste trou creusé dans la terre et rempli de cendres. Les légumes ne doivent pas se toucher et la cendre ne doit pas prendre l'humidité. On referme donc avec un couvercle ou une planche de bois. Des pratiques traditionnelles algériennes montrent une efficacité des cendres de chêne vert[5] sur la conservation des olives. Les fruits sont mélangés, après récolte, dans un mélange eau + cendres (égal a la masse récoltée), puis rincés après quinze jours de bain. Les olives se conservent ainsi plus longtemps par l'effet antifongique et antibactérien des cendres du chêne vert. Au Nigéria, des pratiques identiques permettent de stocker et de conserver des grains. À nous de tester la conservation de carottes, de pommes de terre ou de betteraves dans un silo de cendres naturelles[6]. Utilisez les gros morceaux de vos cendres naturelles (le charbon résiduel) comme absorbeur d'humidité ou d'odeur.

FAITES-EN...

UN TERREAU NOIR ET RICHE

Les cendres sont composés d'éléments réduits en poudre et d'autres plus gros : le charbon. Lorsque l'on tamise les cendres, on les conserve dans une boîte ou un gros bocal, mais on a tendance à négliger les plus gros morceaux : le charbon. Quelle erreur !

FILTREZ VOTRE CENDRE DE BOIS ET CONSERVEZ LES MORCEAUX LES PLUS GROS (LE CHARBON) DANS UN BOCAL HERMÉTIQUE.

Charbon de bois résiduel

RÉDUISEZ-LE EN POUDRE.

Du terreau

MÉLANGEZ LE CHARBON EN POUDRE AU TERREAU AU MOMENT DES SEMIS.

Des graines à semer

« Au jardin, j'ai toujours un peu de cendres dans un seau d'eau. Pour se laver les mains, c'est très pratique. »

Joël

ON RÉCUPÈRE...

Un seau abîmé dont on perce le fond et que l'on place sur une soucoupe (sur le balcon, la terrasse et même en intérieur !). On le remplit au tiers de terreau et on y dépose quelques pommes de terre bio qui ont germé, germe en haut. On recouvre de terreau. Puis on couvre de terre les germes au fur et à mesure de leur croissance. On arrose une fois de temps en temps et on attend tranquillement que les feuilles fanent. C'est le signe de la récolte !

KESKISSEPASSS

Les graines pourrissent parfois à cause de champignons présents dans la terre. Le charbon de bois semble être un bon fongicide.

ZÉRO AGGLO !

N'entreposez jamais vos graines dans des boîtes ou dans un meuble en bois aggloméré : les colles émettent des composés qui empêchent les graines de germer. Préférez des boîtes en carton, voire en plastique (de récupération) ou encore des pliages de carton souple ou de papier.

ON RÉCUPÈRE…

Les boîtes à œufs pour y semer des graines. Quand elles sont en carton (papier recyclé), les boîtes peuvent être enterrées directement avec la graine qui a levé. On peut aussi semer en pleine terre dans chaque alvéole de la boîte enterrée pour obtenir, à la germination, un espacement régulier.

IL Y A CHARBON ET CHARBON

Les morceaux de charbon résiduel des cendres, à distinguer du charbon de bois, sont utilisés comme amendement pour augmenter la productivité, réhumidifier le sol et améliorer la rétention d'eau, stimuler le système immunitaire des plantes. Ce charbon purifie l'eau en captant les métaux lourds, il améliore les propriétés physiques du sol, augmente le pH des sols acides, développe la microflore des sols (entre autres les mycorhizes : des précieux champignons indispensables à l'activité des sols), diminue le lessivage des nutriments, notamment celui des nitrates… Contrairement au charbon de bois, ce charbon résiduel ne produit pas de CO_2 mais le capte et le stocke. Parfois connu sous le nom de « biochar » ou « terra preta », ces résidus noirs sont donc particulièrement fertiles. Ils le sont encore plus si on leur ajoute des nutriments

DES LIMACES ET DES CENDRES

Au contact de l'eau (de pluie), la cendre de bois produit une lessive de potasse fongicide (insecticides et molluscides) et des sels qui inhibent la croissance des végétaux. Des barrières de cendres éloignent ainsi les fourmis et les escargots mais aussi les vers de terre[7]. Elles semblent utiles contre le charançon de la carotte et bénéficient aux salades et aux fraisiers. On peut aussi saupoudrer des choux avec des cendres de bois bien naturelles contre les pucerons par exemple. Mais prudence : c'est un insecticide !

LES JOURNAUX, FEUILLES ET CARTONS

Chaque seconde en France, 190 journaux sont publiés, 15 livres sont vendus et trois magazines. Que de papier, surtout quand on compte « bouillon » et « pilon » : les journaux non lus et les livres broyés. Si le recyclage du papier est plutôt vertueux (économie d'eau, de bois, d'énergie) et bien organisé (le pourcentage de fibres recyclées est de 66 %), le réutiliser chez soi est possible aussi.

QUE FAIRE DU PAPIER ?

Le papier ne présente aucune toxicité tant qu'il n'est ni glacé, ni couvert d'encres épaisses. On peut le plier pour des usages provisoires, pour emballer des cadeaux, le découper, le froisser, le broyer, le laisser tremper (pour en refaire du papier, par exemple...), le compacter et il pourra finir sa vie en cendres... bien utiles au jardin.

LE BRÛLER ?

Ma technique préférée pour allumer le feu, c'est avec des boulettes de papier placées sous des morceaux de cagettes, pourvu que les boulettes soient assez aérées, sinon la fumée me rappelle à l'ordre. Pour brûler du papier, il faut donc soit en faire des boulettes, soit en faire des briquettes.

LE RÉINCARNER ?

Le papier redevient papier en découvrant la pâte à papier ou papier mâché pour des masques ou des objets légers et rigides.

LE METTRE AU COMPOST ?

La cellulose contenue dans le papier se dégrade facilement pourvu que le papier soit non glacé, le moins encré possible et de préférence déjà issu de papier (papier recyclé). On peut même placer des bandes de papier déchiré au pied des plantes qui se nourriront de son carbone et éviter ainsi la pousse des herbes indésirables.

QUE FAIRE DU CARTON ?

Ce matériau souple et résistant se découpe, se plie, se colle, s'agrafe, s'assemble. Sec, c'est un bon isolant thermique et électrique. On en fait désormais des meubles solides, des caisses, des tiroirs. De très belles possibilités sont visibles sur différents sites[8].

BRÛLER DU CARTON ?

Parmi ses multiples utilisations possibles, on songe immédiatement à se servir du carton comme combustible. Mais il faut se méfier de cette idée. La combustion du carton consomme beaucoup d'air et produit de l'eau. Ce qui, en foyer fermé (poêle ou insert), provoque automatiquement de la fumée et étouffe le feu. Il faut alors froisser le carton ou le découper en petits morceaux et laisser, dans tous les cas, la porte ouverte. Sa combustion étant rapide et élevée, il est important de mettre très peu de carton pour allumer un feu.

AU JARDIN

On le dispose au pied des arbustes, des arbres, entre des rangs de semis, à condition que le carton soit nu et sans encres. On peut retirer les rubans adhésifs avant de les poser. Il m'arrive de le faire après : la pluie se charge de décoller plus vite les adhésifs. Je couvre les cartons de paille, de foin, de feuilles mortes ou d'herbes de désherbage : le nec plus ultra étant les algues échouées, bien sûr ! Le carton enrichit la terre de son carbone et empêche l'herbe de pousser au pied des arbres. C'est tellement efficace que vous irez chercher les grands cartons dans les magasins d'électroménager ou de vente de vélo.

FAITES-EN…

DES BÛCHES DE PAPIER

Une expérience ratée, vieille de trente ans, m'avait fait renoncer aux promesses de bûches à faire soi-même. Mauvaise odeur, difficulté d'utilisation d'une presse qui finit par casser… bref, la galère. Je me suis réconciliée avec le papier journal depuis.

un tasseau rond et lisse (bois, acier, plastique…)

+

Des journaux

+

De l'eau

+

Une bassine

PLIEZ DES JOURNAUX EN QUATRE DANS LE MÊME SENS. PLONGEZ-LES DANS UNE BASSINE REMPLIE D'EAU DE PLUIE. LAISSEZ-LES QUELQUES SECONDES POUR QUE LE PAPIER JOURNAL SOIT BIEN IMBIBÉ

ENROULEZ LE BLOC MOUILLÉ AUTOUR D'UN TASSEAU ROND. PRESSEZ POUR ÉVACUER L'EAU. TERMINEZ EN ENVELOPPANT AVEC UN JOURNAL SEC.

FAITES GLISSER LE BLOC DU TASSEAU ET PRESSEZ-LE POUR L'APLATIR.
FAITES SÉCHER LA BRIQUE À L'AIR LIBRE.

ON RÉCUPÈRE…

Les rouleaux de carton (papier toilette, essuie-tout) que l'on peut placer secs autour du tasseau pour obtenir un noyau central plus rigide. La combustion sera plus longue.

RIEN QUE DE L'EAU, DE L'EAU DE PLUIE ?

Pour obtenir un résultat encore meilleur, saupoudrez 2 cuillerées à soupe de fécule de pommes de terre (sinon cela forme des grumeaux qui restent collés entre eux) dans de l'eau chaude (elle fera office de colle) et ajoutez un peu de liquide vaisselle pour dissoudre les encres.

FAITES-EN…

UN GRIFFOIR À CHAT

Les chats sont comme les enfants qui sont aussi comme nous, les adultes, ils adorent jouer. Mais eux, ils l'assument. Aidons-les…

Une paire de ciseaux

+

Du carton ondulé

DÉCOUPEZ PLUSIEURS CARRÉS OU RECTANGLES DE LA MÊME LONGUEUR DANS LE CARTON ONDULÉ.
VARIEZ LES DIMENSIONS.

EMPILEZ LES PIÈCES IDENTIQUES ENSEMBLE ET COLLEZ-LES. COMPOSEZ ENSUITE UNE CONSTRUCTION STABLE EN PLAÇANT LES PIÈCES LES PLUS GRANDES EN BAS.

QUAND LA CONSTRUCTION VOUS CONVIENT, COLLEZ LES BLOCS ENTRE EUX, LES UNS SUR LES AUTRES.

MODE D'EMPLOI

Placez ce gratte-ciel en carton n'importe où. Votre chat le trouvera tout seul.

ON RÉCUPÈRE…

Des bouchons que l'on fixe avec une ficelle sur le barreau d'une chaise. Inutile de montrer au chat comment jouer : c'est lui qui vous montrera.

CHAT À LA VERTICALE

Sur le même principe, fixez un bloc de carton ondulé au mur à hauteur de chat… et préparez l'aspirateur ou la balayette !

VOS ANCIENS APPAREILS

LA TÉLÉVISION

Pourvu qu'elle dispose d'une entrée HDMI (ou d'un adaptateur HDMI), votre télévision n'est pas encore destinée au recyclage. Pour une quarantaine d'euros, vous pouvez vous procurer un petit appareil qui lui donnera une seconde vie. Le « Chromecast », sorte de petit boîtier rond, se branche sur le secteur et sur l'écran de votre téléviseur. Piloté par votre téléphone, il vous permet de communiquer entre certaines applications (présentes sur votre téléphone, l'ordinateur ou la tablette) et l'écran *via* un réseau wi-fi. Il vous faudra une adresse google (oui, je sais, c'est énervant) pour l'installation. Vous pourrez ensuite regarder des films, des séries ou des vidéos stockées ou en streaming (même si la box est éloignée de l'écran), visionner vos photos et le contenu de votre téléphone sur l'écran de la télévision.

LA CHAÎNE HIFI

Trop vieille votre chaîne hifi ? Que nenni. Il lui manque juste un émetteur/récepteur bluetooth pour pouvoir diffuser de la musique sur les enceintes que vous aimiez tant. Des petits accessoires, à des prix très abordables (à partir de 20 €[9]) se branchent sur votre chaîne *via* une prise jack (que les moins de 30 ans ne peuvent pas connaître…) type sortie casque ou sur une prise RCA (à l'arrière de l'ampli) et s'alimente par USB (depuis l'ampli ou une batterie externe). Après couplage avec un autre appareil bluetooth (téléphone, ordinateur, tablette…), la chaîne hifi reçoit la musique qu'elle envoie sur les enceintes. On peut ainsi profiter dans toute la maison de notre nouvelle musique sur une ancienne chaîne. L'obsolescence n'est plus au programme.

VOTRE TÉLÉPHONE PORTABLE

POURQUOI LE CONSERVER ?

Un téléphone portable est bien plus qu'un téléphone, c'est un mini-ordinateur. C'est d'ailleurs pour cela qu'on l'achète. Il possède de nombreuses fonctions qui perdurent, même sans carte SIM. Cette puce électronique contient de la mémoire et gère les informations et les connexions liées à la téléphonie (appels, mémoires, contacts...). Mais, elle ne gère que ça ! Branché sur un réseau wifi, votre téléphone est encore extrêmement utile. Ce fut la découverte technologique passive de mon année, quand j'ai vu tout ce que mon iPhone pouvait encore faire après qu'il soit tombé dans l'eau de mer !

COMMENT L'UTILISER ?

Un téléphone portable privé de sa carte SIM reçoit le réseau wifi, en émet, reçoit le bluetooth et en émet. On peut donc télécharger et écouter des podcasts, télécharger et regarder des films, télécharger et écouter de la musique, connecter une enceinte ou un appareil en bluetooth. Personnellement, je l'utilise pour écouter des podcasts au jardin (après avoir failli rouler en tondeuse autoportée sur mon nouveau téléphone. On peut télécharger des applications et s'en servir, être sur les réseaux sociaux pourvu qu'on soit connecté à un réseau wifi. Les accros ont encore de beaux jours devant eux (si tant est qu'ils voient vraiment le jour...).

Les utilisations de base fonctionnent encore. Votre ancien portable est un appareil photo, une calculatrice, un enregistreur, un calendrier électronique, une boussole, un minuteur, un bloc-notes, un plan géant grâce aux cartes téléchargées sur maps.me, il relève votre messagerie et peut être utilisé pour répondre... Il vous aide même à localiser vos appareils (selon les modèles).

Considéré comme un deuxième téléphone, sur le même compte que le vôtre, il reçoit les applications que vous téléchargez sur le nouveau, mais aussi vos mails, vos textos et peut éventuellement en émettre. Il trace vos appels, émis ou reçus. Ces fonctions encore actives peuvent être des avantages ou des inconvénients, selon votre taux personnel de dissimulation de vie privée, d'envie d'être pisté-e, voire de pister à votre tour.

Si vous possédez un stockage virtuel de type cloud en lien avec votre téléphone, les informations sont alors partagées, ce qui peut être très pratique (photos, documents...).

Voilà comment réduire considérablement nos déchets électroniques particulièrement polluants : en leur offrant une seconde vie.

VOTRE ORDINATEUR

Avant de recycler un appareil désuet, on peut tenter de l'équiper d'un programme d'exploitation libre comme Ubuntu. Parfois, le vieux PC ou l'ancien Mac qui était au fond du garage se remet à clignoter puis à marcher franchement. Bonne nouvelle : une communauté de gens prêts à vous aider est organisée. Il existe forcément une personne près de chez vous.

DIFFICILE D'ÊTRE PLUS DUR

Votre disque dur est saturé ? Il ne répond plus ? Découvrez les SSD (solid-state drive). Ces disques durs plus résistants et plus performants que les disques durs classiques (dits mécaniques) s'achètent et s'installent directement dans la machine. Quelques tournevis de précision sont nécessaires ainsi qu'un bon tutoriel que vous trouverez sur Internet.

DEUXIÈME MAIN

Le marché de l'occasion et du reconditionné pour les ordinateurs, mais aussi les tablettes et les téléphones portables a de beaux jours derrière lui et devant lui. Il ne s'est jamais aussi bien porté. Tournez-vous vers des magasins de marques de préférence (Bureau-Vallée, Fnac...) qui vous assurent une qualité, des tests en amont et une garantie.

ÉCONOMISEZ...

De l'argent et une quantité impressionnante de métaux en achetant de l'occasion. Il faut environ 16 fois son poids pour la fabrication d'un ordinateur neuf, en contribuant à l'épuisement des ressources, en polluant la terre, l'air et des eaux par l'extraction de métaux, qu'ils soient rares ou non. Le plus souvent, ils sont extraits dans des conditions effrayantes à l'autre bout de la planète. Il serait juste d'accepter que des mines soient réouvertes dans nos régions : l'économie circulaire passe par la fourniture locale de nos propres matériaux.

FAITES VOTRE MÉNAGE ÉLECTRONIQUE

Tout comme il existe une pollution de l'air, de l'eau et de la terre, il existe une pollution numérique. Invisible et difficilement quantifiable, elle nous semble lointaine et hors de notre portée. Et pourtant, en écrivant ces lignes sur mon ordinateur, en écrivant vos mails, en naviguant sur Internet, en visionnant des films sur le web... nous contribuons à une pollution bien plus grande qu'on ne le croit et nous générons de nombreux déchets.

La quantité de pollution émise par un seul mail (10 grammes de CO_2) nécessite une journée complète de « respiration » d'un arbre. Un Mo envoyé équivaut à la consommation d'un ordinateur en veille pendant une nuit environ. Et chaque seconde d'Internet dans le monde consomme autant qu'un aller-retour Paris-New York en avion.

ÇA CHAUFFE !

Piscine et serveur font bon ménage. L'une a besoin de la chaleur émise par l'autre, tandis que l'autre nécessite une climatisation permise par la première. C'est dans le 13e arrondissement de Paris que l'expérience se déroule[10], grâce à une start-up spécialisée dans la chaleur « numérique ».

QUE FAIRE CONCRÈTEMENT DE MES MESSAGES ?

Les stocker sur son disque dur et vider régulièrement les boîtes aux lettres des serveurs d'Internet. Ils génèrent une forte pollution « dormante » en faisant tourner les centres de stockage.

Il vaut mieux envoyer des liens que des pièces jointes, limiter le nombre de destinataires et charger des photos en basse résolution.

J'AI MAL AUX MAILS

Trop d'indésirables ? Des newsletters jamais demandées ? Testez Cleanfox en vous rendant sur leur site. Cette application en ligne scanne votre boîte mail pendant quelques minutes ou quelques heures (il faudra fournir adresse et mot de passe) et vous propose en ligne de garder, de jeter ou de vous désabonner automatiquement aux newsletters ou autres indésirables. Quelques centaines peuvent apparaître : prévoyez du temps pour filtrer les adresses (j'ai découvert plus de 460 newsletters auxquelles j'étais abonnée à l'insu de mon plein gré !). Découvrez aussi les arcanes de votre messagerie (sur disque dur ou sur Internet) qui propose peut-être une fonction de nettoyage. Je doute qu'elle soit aussi performante que le « renard propre ».

VERT INTERNET ?

Quelques initiatives souhaitent rendre des services Internet moins voraces, voire neutres, et plus sociaux (Newmanity, Mailo...). À quand des noms francophones ?

INTERNET

Privilégions les liens directs (les favoris, les marque-pages...) plutôt que les arcanes de la toile, fermons les onglets et les fenêtres au fur et à mesure, découvrons les moteurs de recherche plus généreux (comme Lilo, Ecosia, Ecogine...).

APPLICATIONS

Pensez aussi à désinstaller proprement les applications qui ne vous servent plus ou celles qui sont obsolètes (il ne suffit pas de les jeter à la corbeille). Des logiciels gratuits d'aide sont disponibles pour vous aider.

N'ACHETEZ PLUS...

DE PRODUITS D'ENTRETIEN, LES RECETTES SONT DANS CE LIVRE !

Nettoyant vitres et insert (voir p. 102)
Nettoyant pour métaux (voir p. 103)
Chiffons (voir p. 24)
Parfum d'intérieur (voir p. 83)
Sachets désodorisants (voir p. 84)

SI VOUS AVEZ UN POÊLE OU UNE CHEMINÉE...

Allume-feu maison (voir p. 75)
Bûches de papier (voir p. 110)

D'ACCESSOIRES POUR ANIMAUX

Griffoir à chat (voir p. 111)
Brosse au poil (voir p. 27)

ACHETEZ AUTREMENT : DEVENEZ LOW-TECH

Low comme *doucement* et tech, comme *technologie.*
Les low-tech sont aux technologies ce que le bricolage ingénieux est aux complications techniques.

Avant tout, il s'agit de faire pour comprendre et de comprendre pour faire, qu'il s'agisse de nos produits du quotidien (produits d'hygiène ou d'entretien) ou de nos objets. Les low-tech se proposent d'apprendre à construire et de comprendre pour pouvoir réparer, tout en garantissant des circuits courts et une empreinte carbone basse. Ce sont des principes de consommation économe et durable, respectueuse de l'environnement et des personnes qui fabriquent les objets.

« J'AI UNE TÊTE DE LOW-TECH ? »

Vous êtes low-tech si :
- vous gardez vos objets pour les réparer ;
- vous préférez les logiciels et les systèmes d'exploitation libres ;
- vous choisissez des objets simples à fonctionner donc simples à réparer ;
- vous achetez des objets produits localement ;
- vous choisissez des objets dont le fonctionnement est facile à comprendre ;
- vous préférez acheter des objets dont les matériaux se recyclent facilement ;
- vous vous tournez le plus souvent vers les matériaux renouvelables ;
- vous optez pour des matériaux présents en grande quantité sur la planète ;
- vous achetez des aliments avec peu d'emballage voire pas du tout (vrac), en évitant le plastique ;
- vous préférez le faire vous-même quand c'est possible (plats, produits d'entretien, hygiène-beauté...).

LE LOW-TECH À PORTÉE DE MAIN

Vous avez du papier ? Vous avez des crayons ? Offrez des bons cadeaux personnalisés : la réparation d'un ordinateur, une initiation à la navigation Internet, aux réseaux sociaux, offrez une sortie algues, une sortie

plantes comestibles, des cours de couture, de mécanique, de cuisine, de jardinage, l'apprentissage d'une danse de salon... bref tout ce que vous savez faire et que vous pouvez partager. C'est le savoir en échange.

CHOISIR UNE VOITURE LOW-TECH...

C'est préférer une voiture légère, qui consomme peu, que l'on équipe de pneus rechappés, que l'on utilise peu...

BREIZ LOW-TEK ?

La première école dédiée aux low-tech ouvre ses portes à Guingamp en 2020[11]. La low-tech skol forme des agents de l'économie circulaire, aptes à mettre en œuvre des idées simples et efficaces pour réduire les coûts des organisations (collectivités, entreprises...). Leur but est d'apprendre aux structures à devenir sobres en matière et en énergie pour évoluer vers un modèle économe. https://lowtechskol.org/vision/

DES IDÉES PLEIN LA TERRE

Découvrez le projet Increvable : une machine à laver économe, conçue pour durer... vingt ans et facile à réparer[12] les éoliennes Pigott à fabriquer seul-e ou en stage, les lampes à gravité (Gravitylight) qui fonctionnent grâce à une dynamo activée par la chute d'un sac lesté, les serres enterrées (ou walipini) qui me font bien rêver... Comme moi, vous découvrirez avec bonheur de nombreux projets ingénieux et simples sur la plateforme collaborative[13] du low-tech Lab[14] que vous pourrez à votre tour enrichir. Le monde est beau si l'on veut le voir ainsi.

UNE TÉLÉCOMMANDE

Avant de changer des piles, si on essayait le plan B ? Vous savez, le plan B comme Bricolage.

Une télécommande qui ne fonctionne plus

RETIREZ LES PILES DE LA TÉLÉCOMMANDE

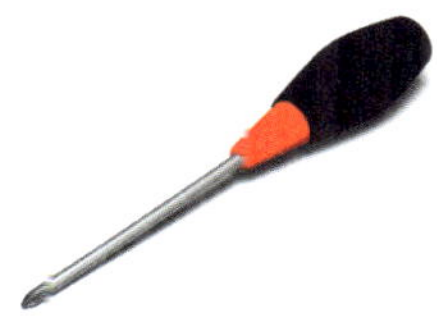

Ouvrez le boîtier avec un tournevis cruciforme

CONSERVEZ LES VIS SUR UN PAPIER ADHÉSIF OU DANS UN PETIT RÉCIPIENT POUR ÉVITER QU'ELLES NE TOMBENT.

Un crayon de papier (mine grasse)

PASSEZ LÉGÈREMENT LE CRAYON DE PAPIER SUR L'ENVERS DES TOUCHES.

SOUFFLEZ POUR ÔTEZ L'EXCÉDENT DE GRAPHITE (LE COMPOSANT DE LA MINE).

REFERMEZ LA TÉLÉCOMMANDE ET TESTEZ-LA À NOUVEAU.

TOUCHE PAS TOUCHE

Le contact entre les touches de la télécommande et la plaque électronique a besoin d'un élément conducteur : le graphite en est un. Il peut servir à dégripper une clé dans une serrure (en frottant la clé avec le crayon mine) ou une fermeture Éclair (voir p. 38).

FAIRE SES PRODUITS, C'EST NATUREL, C'EST **ZÉRO DÉCHET** !

« LE MEILLEUR DÉCHET, C'EST CELUI QU'ON NE PRODUIT PAS »

Nous produisons du plastique pour emballer des produits que l'on peut faire soi-même et qui finit… parfois à la poubelle. On jette plus d'un kilo de plastique par semaine dont les trois quarts sont incinérés ou enfouis et un petit quart seulement est recyclé. Faire ses produits, c'est réutiliser toujours les mêmes contenants. C'est du plastique qu'on n'achète plus, qu'on ne jette plus, qu'on ne transporte plus, qu'on ne traite plus, qu'on ne fabrique plus… La chaîne du plastique est longue, surtout qu'elle peut terminer dans la Méditerranée, dans la Manche ou dans l'Atlantique. J'ai été choquée de voir des poubelles remplies de gobelets plastiques qui s'envolaient sur un embarcadère touristique en Bretagne. Les phoques, macareux et fous de Bassan apprécieront…

ALERTE EN MÉDITERRANÉE

Chaque seconde 15 kg de plastique et 4 kg de microplastique se déversent dans la pou-« belle bleue » selon un rapport effrayant du WWF de 2018 avec des conséquences effroyables sur les animaux marins (entre autres).

DES BIDONS À LA MER

Côté rivage français, nous jetons l'équivalent d'un bidon de plastique de lessive vide dans l'eau salée… chaque seconde.

FAIRE SA LESSIVE EN FAMILLE, C'EST 10 KG DE PLASTIQUE ÉCONOMISÉ TOUS LES ANS.

LA FAMILLE « JE FAIS TOUS MES PRODUITS », COSMÉTIQUES ET D'ENTRETIEN ÉVITE 40 KG DE PLASTIQUE CHAQUE ANNÉE.

EN ÉQUIVALENT TOUR EIFFEL

Paris se met à faire sa lessive : c'est 9 Tour Eiffel de plastique en moins sur Terre (en tonnage et bien plus en volume !).

SOURCES

INTRODUCTION

1 *Jean Giono, une biographie et des entretiens par Jean Carrière*, éditions la Manufacture, 1991.
2 Ibn-Alathyr, *Annales du Maghreb et de l'Espagne 1029-1123*, traduction française M. Ed. Fagnan, œuvre numérisée par Marc Szwajcer.
3 *Œuvres complètes*, Sénèque.
4 Donella Meadows, *et al.*, *Les Limites à la croissance (dans un monde fini) : Le rapport Meadows, 30 ans après*, Rue de l'Echiquier, 2012. Elle a été demandée à des chercheurs du Massachusetts Institute of Technology (MIT) par le Club de Rome.
5 Prononcée par Jacques Chirac devant l'assemblée plénière du IVe sommet de la Terre le 2 septembre 2002 à Johannesburg (Afrique du Sud).
6 L'ensemble des ressources que la Terre peut régénérer en un an est atteinte.
7 Valérie Cabanes, *Homo Natura*, Buchet-Chastel, 2017.
8 Philippe Bihouix, *L'Âge des low tech. Vers une civilisation techniquement soutenable*, coll. « Anthropocène », Seuil, 2014.
9 Cité dans Plutarque, *Œuvres morales*, tome 1 sur l'éducation des enfants.
10 Philippe Bihouix, *op. cit.*
11 Xénophon, *Œuvres complètes*.
12 Plutarque, *op. cit.*

DANS LA SALLE DE BAINS/BUANDERIE

1 https://www.linstantavantlaube.fr/index.php/eclats-de-l-aube/eclats-d-environnements/photos
2 La Pratique de jeux en plein air chez les enfants de 3 à 10 ans dans l'Étude nationale nutrition santé (ENNS, 2006-2007). *Bulletin épidémiologique hebdomadaire*, 2015.
3 https://margueriteetcie.com/
4 https://dansmaculotte.com/fr
5 Entre autres http://www.aly-abbara.com/livre_gyn_obs/termes/hygiene/acide_peracetique.html
6 Susan Summer, spécialiste en sciences de l'alimentation au Virginia Polytechnic Institute and State University, Science News Online - Food for Thought, 1996.
7 Fiches techniques, Ademe, *Impacts environnementaux des couches pour bébé*, juin 2012.
8 Régine Quéva, *Fabriquer sa lessive, son dentifrice...* Larousse, 2018.

DANS LA CUISINE

1 *État des lieux des masses de gaspillages alimentaires*, Ademe, mai 2016.
2 Réalisés par 60 Millions de consommateurs, dans le magazine de juin 2017.
3 Page de blog d'Anne Spurkland, en collaboration avec Anne Rieder chez Nofima. Publié le 28 janvier 2016 sur www. friekaker.no
4 *Facteurs affectant les propriétés fonctionnelles de l'aquafaba, eau récupérée à partir de pois chiches en conserve du commerce*, Rana Mustafa, Youn Young Shim, Jianheng Shen, Kornsulee Ratanapariyanuch et Martin JT Reaney, Université de la Saskatchewan, Canada.
5 Ifremer, Chitine et chitosan, août 2010 – v1 – Fiche réalisée pour Bibliomer http://www.bibliomer.com/
6 Document d'aide à la mise en œuvre des gestes de prévention du gaspillage alimentaire, Ademe/Verdicité octobre 2014.
7 Benjamin Anhwange et al, *Chemical composition of Musa sapientum (banana) peels*, Electronic Journal of Environmental, Agricultural and Food Chemistry, 2009.
8 Optimalité dans la valorisation d'un déchet organique : la peau de banane.
9 Le pH est l'acronyme du potentiel hydrogène. Il correspond à la mesure de l'acidité d'une substance. Il varie de 2 (très acide) à 14 (très basique).
10 Reffas, A., Bernadet, V., David, B., Reinert, L., Lehocine, M.B., Dubois, M., Batisse, N. et Duclaux, L. (2010), *Carbons prepared from coffee grounds by H3PO4 activation: Characterization and adsorption of methylene blue and Nylosan Red N-2RBL*. Journal

of Hazardous Materials, vol. 175, p. 709-788. www.elsevier.com/ locate/jhazmat

11 Low, J.H., Rahman, W.A.W.A et Jamaluddin, J. (2015) Structural elucidation of tannins of spent coffee grounds by CP-MAS 13C NMR and MALDI-TOF MS. Industrial Crops and Products, vol. 69, p. 456-461. www.elsevier.com/locate/indcrop

12 Castañeda, R.A., Avlijas, S., Simard, M.A. et Ricciardi, A. (2014), Microplastic pollution in St. Lawrence River sediments. *Journal canadien des sciences halieutiques et aquatiques*, vol. 71, p. 1767-1771.

13 *Compost Composition: Solving a Mystery, Fruit Gardener*, Vol 41, no 4, p. 6, 2009.

14 Thèse « Le marc de café comme source atypique de tanins condensés dans le contrôle intégré des nématodes gastro-intestinaux chez les petits ruminants du Yucatán, Mexique », Côme Lecasble, école nationale vétérinaire d'Alfort, 2012.

15 Cas de l'île de Montréal, Francky Carassou, Centre universitaire de formation en environnement et développement durable, maîtrise en environnement université de Sherbrooke, septembre 2015.

16 Maurianne Aubert, *Intérêt nutritionnel du thé dans la prévention des pathologies oxydatives*, Sciences pharmaceutiques, 2002. dumas-01254782

17 Maurianne Aubert, *op. cit.*

18 https://www.lemonde.fr/m-gastronomie/article/2016/02/25/l-ochazuke-de-chihiro-masui_4871607_4497540.html, *Gastronomie, L'ochazuke de Chihiro Masui*, par Camille Labro.

19 Maurianne Aubert, *op. cit.*

20 Maurianne Aubert, *op. cit.*

21 Total Diet Study 1997, FSA COT UK 2000 *in* Evaluation des risques sanitaires liés au dépassement de la limite de qualité des fluorures dans les eaux destinées à la consommation humaine

22 https://www.presages.fr/ et http://www.nouvellesecoutes. fr/la-poudre/

23 https://www.eea.europa.eu/publications/public-health-and-environmental-protection.

DANS LE SALON, LA CHAMBRE, LE BUREAU

1 Décolé Sidy Baba Ndiaye, *Manuel de stockage et de conservation des céréales et des oléagineux*, Coopération autrichienne pour le développement et Fonds belge de survie, 1999 et J.-L. Bernard *Les Produits de protection des plantes dans l'histoire de l'agriculture. Origines et évolution*, Académie d'agriculture de France les Rencontres APRIFEL – 24 novembre 2011.

2 Sivakumar et coll., 2011 in *Evaluation de l'activité antibactérienne et antifongique des cendres de bois du chêne vert « Kourriche ou Ballout »* (Quercus ilex), Mémoire présenté par Khebichat Asma, Université Abou Bekr Belkaïd-Tlemcen, 2012-2013.

3 Mansouri et coll., 2011 in *Evaluation de l'activité antibactérienne et antifongique des cendres de bois du chêne vert « Kourriche ou Ballout »* (Quercus ilex), *op. cit.*

4 *Les Cendres de poêles a bois, que peut-on en faire ?*, Josée-Anne Majeau, Marc Hébert, Julie Desforges, Service des matières résiduelles, ministère du Développement durable, de l'Environnement, de la Faune et des Parcs (MDDEFP), Québec, mai 2013.

5 Mansouri et coll., 2011 in *Evaluation de l'activité antibactérienne et antifongique des cendres de bois du chêne vert « Kourriche ou Ballout »* (Quercus ilex), *op. cit.*

6 *Ibid.*

7 Christian Couturier, Thierry Brasset, *Gestion et valorisation des cendres de chaufferies bois*, Ademe, 2005.

8 https://www.espritcabane.com entre autres

9 Modèles Aukey, TaoTronics...

10 *Le Journal du grand Paris*, « La piscine de la Butte aux Cailles teste un datacenter comme chauffage d'appoint », 21 mai 2017.

11 https://lowtechskol.org/vision/

12 https://www.lincrevable.com/fr/

13 https://wiki.lowtechlab.org/wiki/Explore

14 https://lowtechlab.org/

INDEX PAR TYPE DE RECETTE
N'ACHETEZ PLUS... FAITES-LES VOUS-MÊMES

INDEX GÉNÉRAL

REMERCIEMENTS

Je tiens particulièrement à remercier Nicolas Palangié
pour ses précisions et sa relecture parfois urgente de certaines recettes.

Nicolas Palangié a créé la Compagnie du Bicarbonate en 2010 après avoir étudié les multiples utilisations du bicarbonate chez Solvay, qui en est le premier producteur mondial. Il développe aujourd'hui avec son équipe des produits « sûrs, simples et sensés » basés sur des ingrédients sains, écologiques et naturels qui ont fait leurs preuves depuis des générations et réduisent notre empreinte sur la planète (bicarbonate mais aussi vinaigre, savon noir et de Marseille, percabonate…). Il anime le premier blog francophone sur le bicarbonate, **monbicarbonate.fr** et ses produits sont disponibles sur le site **compagnie-bicarbonate.com** et dans les nombreux magasins partenaires.

CRÉDITS

Tous les visuels sont de GettyImages et Shutterstock
sauf © Olivier Ploton/Larousse : bicarbonate de soude et percarbonate.

DIRECTION DE LA PUBLICATION
Isabelle Jeuge-Maynart et Ghislaine Stora

DIRECTION ÉDITORIALE
Aurélie Starckmann

ÉDITION
Liza Person-Lisiecki

CONCEPTION GRAPHIQUE
Valentine Antenni, Claude-Olivier Four

MISE EN PAGES
Claude-Olivier Four

COUVERTURE
Véronique Laporte

FABRICATION
Émilie Latour

ISBN : 978-2-03-598408-1

Achevé d'imprimer en Espagne par Egedsa.
Dépôt légal : avril 2020
324939/01 – 11042876 – février 2020